위대한 시작

구약

1

영유아부 교사용

The Gospel Project for Babies and Toddlers

가스펠 프로젝트

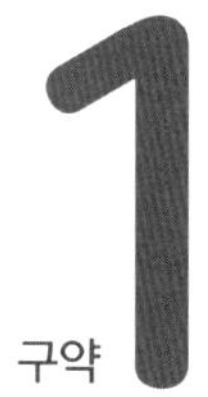

구약 1

위대한 시작

영유아부 교사용

지은이 · LifeWay Kids / 옮긴이 · 권혜신 / 감수 · 김병훈

초판 발행 · 2020. 5. 11 / 등록번호 · 제1988-000080호
등록된 곳 · 서울특별시 용산구 서빙고로65길 38 / 발행처 · 사단법인 두란노서원
영업부 · 02) 2078-3352, 3452, 3752, 3781 / FAX 080-749-3705
편집부 · 02) 2078-3437
활동 연구 · 고은님, 김현숙, 유은정, 진명선, 홍선아, 황세희

책값은 뒤표지에 있습니다.
ISBN 978-89-531-3722-6 04230 / 978-89-531-3726-4 (세트)

홈페이지 · gospelproject.co.kr **두란노몰** · mall.duranno.com

두란노서원은 바울 사도가 3차 전도 여행 때 에베소에서 성령 받은 제자들을 따로 세워 하나님의 말씀으로 양육하던 장소입니다.
사도행전 19장 8-20절의 정신에 따라 첫째 목회자를 돕는 사역과 평신도를 훈련시키는 사역,
둘째 세계선교TIM와 문서선교단행본 · 잡지 사역, 셋째 예수문화 및 경배와 찬양 사역, 그리고 가정 · 상담 사역 등을 감당하고 있습니다.
1980년 12월 22일에 창립된 두란노서원은 주님 오실 때까지 이 사역들을 계속할 것입니다.

차례

이렇게 활용해 보세요!

단원 개요

'가스펠 프로젝트'의 연대기적 큰 흐름 속에서 각 단원의 주제를 살피고, 활동을 계획합니다.

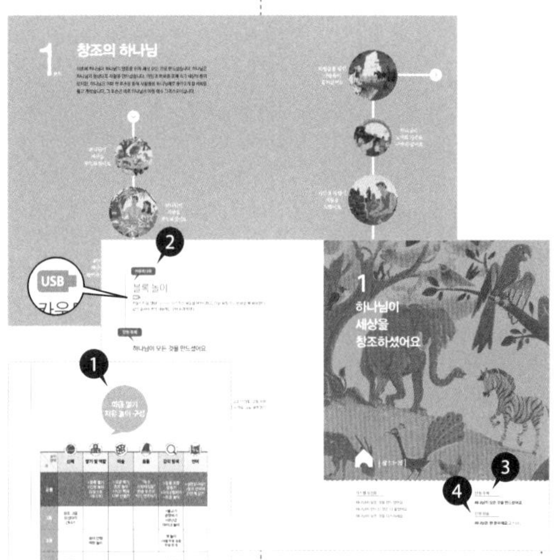

1 **마음 열기 자유 놀이 구성 :** 단원 메시지와 연계된 다양한 영역 활동을 소개합니다.

2 **카운트다운 :** 단원별로 제공되는 3분 카운트다운 영상으로, 장소를 옮기거나 시간을 구분 짓는 방법으로 활용할 수 있습니다.

3 **단원 주제 :** 단원의 핵심 메시지를 매 과에서 반복하여 익힙니다.

4 **단원 암송 :** 단원의 성경 구절을 외우기 쉽도록 짧게 줄인 문장입니다. 성경 구절 전체나 밑줄 표시된 부분을 활용해도 됩니다.

USB

* 지도자용 팩의 USB에 영상, 그림, 음원, 악보 등의 자료가 있습니다.

말씀 묵상

말씀을 묵상하며 기도로 준비합니다.

1 **본문 속으로 :** 이 과를 준비하며 묵상할 내용과 티칭 포인트를 제시합니다. 청장년용 《가스펠 프로젝트》 교재로 교사 소그룹 모임에서 더 깊은 묵상을 나누며 성경 읽기를 병행할 것을 권유합니다. 부모 소그룹 모임은 교회와 가정을 연계해 교육 효과를 더욱 높여 줄 것입니다.

2 **교사 지도 가이드 QR 코드 :** 가스펠 프로젝트 홈페이지(gospelprojet.co.kr)에서 제공하는 각 과별 교사 지도 가이드 영상 링크로 연결합니다.

3 **이야기 성경 :** 성경 본문을 이야기 형식으로 요약한 내용입니다. 같은 내용의 설교 영상이 지도자용 팩에 있습니다.

가스펠 준비 

자유 놀이 활동을 영역별로 구성합니다.

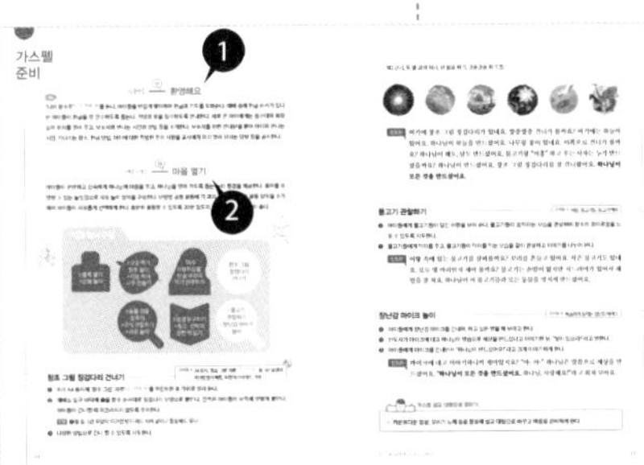

1 **싱글벙글 환영해요 :** 아이들을 맞이할 때 염두에 두어야 할 정보를 담았습니다.

2 **너랑 나랑 마음 열기 :** 아이들이 마음을 열고 하나님을 만날 수 있도록 돕는 자유 선택 활동을 소개합니다. 단원별 공통 활동으로 환경에 익숙해지게 하고, 각 과의 주제에 맞는 특별 활동을 추가하여 새로운 흥미를 유발하게 합니다.

가스펠 설교 

성경 이야기 – 가스펠 포인트 – 복음 초청 – 기도 – 암송송으로 진행되는 설교 가이드입니다.

1 **성경 이야기 :** 각 과의 성경 이야기와 진행 팁을 소개합니다.

2 **가스펠 포인트 :** 각 과의 핵심 메시지입니다. 모든 성경 이야기는 그리스도와 연결됩니다.

3 **복음 초청 :** 복음을 전하고 영접 기도로 이끌 수 있는 초청 메시지를 담았습니다.

4 **암송송 :** 단원의 핵심 주제가 담긴 성경 구절을 쉽게 익힐 수 있는 찬양입니다. 지도자용 팩과 홈페이지에 있는 손유희 영상을 활용할 수 있습니다.

가스펠 활동 

알콩달콩 소그룹 – 영차, 영차 대그룹 – 소곤소곤 꿀~꺽 간식 – 신나는 마무리 순서로 진행되는 소그룹 가이드입니다.

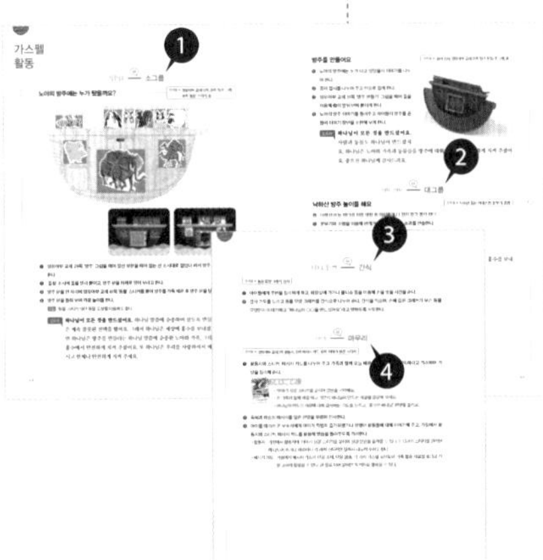

1 **알콩달콩 소그룹 :** 성경 이야기에서 배운 내용들을 되새기며 즐겁게 놀이할 수 있는 다양한 활동을 소개합니다. 영유아부 교재를 풍성하게 활용할 수 있는 교수 방법과 다양한 재료를 활용한 창의 놀이 활동을 제안합니다.

2 **영차, 영차 대그룹 :** 친구와 함께 몸을 움직이며 가스펠 포인트를 기억할 수 있는 대그룹 놀이 활동을 소개합니다.

3 **소곤소곤 꿀~꺽 간식 :** 각 과에 어울리는 간식을 소개합니다.

4 **신나는 마무리 :** 가정 연계 자료(활동지, '이야기 성경' 스티커, 메시지 카드)를 나누어 주며 가정으로 파송하는 마무리 과정을 안내합니다.

발간사

이형기

두란노서원 원장

두란노서원을 통해 라이프웨이(LifeWay)의 《가스펠 프로젝트》 성경 공부 교재 시리즈를 발간할 수 있도록 인도하신 하나님께 감사드립니다. 험한 소리로 가득한 세상에 이 책을 다릿돌처럼 놓습니다. 우리 삶은 말씀을 만난 소리로 풍성해져야 합니다. 주님을 만난 기쁨의 소리, 진실 앞에서 탄식하는 소리, 죄를 씻는 울음소리, 소망을 품은 기도 소리로 가득해야 합니다.

《가스펠 프로젝트》는 신구약을 관통하는 예수 그리스도의 복음을 발견하고, 그 가르침을 삶에 적용하는 지혜를 얻도록 기획한 성경 공부 교재입니다. 어린아이부터 어른에 이르기까지 생애주기에 따른 복음 메시지를 잘 배울 수 있습니다. 또한, 거짓 진리가 미혹하는 이 시대에 건강한 신학과 바른 교리로 말씀을 조명하여 성도의 신앙이 좌로나 우로나 치우치지 않도록 돕습니다.

두란노서원은 지금까지 "오직 성경, 복음 중심, 초교파적 관점"을 바탕으로 한국 교회와 성도를 꾸준히 섬겨 왔습니다. 오직 성경의 정신에 입각해 책과 잡지를 출판해 왔으며, 성경에 근거한 복음 중심의 신학을 포기한 적이 없습니다. 그리고 교단과 교파를 초월하여 교회와 성도가 하나님 나라를 바라볼 수 있도록 돕기 위해 노력해 왔습니다. 《가스펠 프로젝트》는 두란노가 지켜 온 세 가지 가치를 충실하게 담은 책입니다.

성경은 구원을 위한 책이며, 구원사의 주인공은 예수 그리스도입니다. 창세기부터 요한계시록까지 오직 예수 그리스도의 복음만을 전하는 《가스펠 프로젝트》 성경 공부 교재를 통해 복음의 은혜와 진리를 깊이 경험하고, 복음 중심의 삶이 마음 판에 새겨지기를 바랍니다. 그리고 예수 그리스도 복음에 굳게 선 한 사람의 영향력이 가정과 교회와 사회에 흘러감으로써 거룩한 하나님 나라가 확산되어 가기를 소망합니다.

감수사

김병훈

합동신학대학원대학교
조직신학 교수

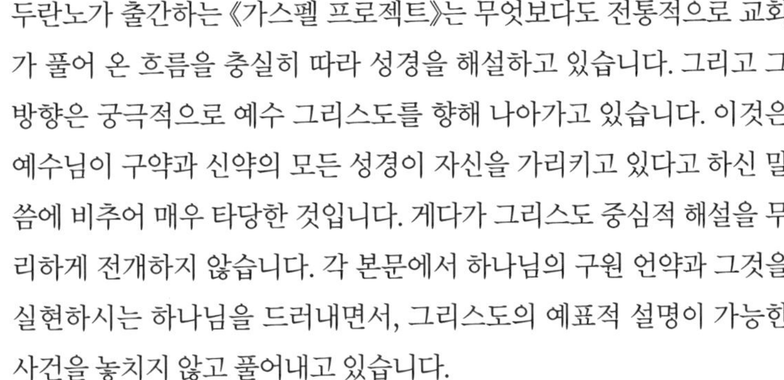

두란노가 출간하는《가스펠 프로젝트》는 무엇보다도 전통적으로 교회가 풀어 온 흐름을 충실히 따라 성경을 해설하고 있습니다. 그리고 그 방향은 궁극적으로 예수 그리스도를 향해 나아가고 있습니다. 이것은 예수님이 구약과 신약의 모든 성경이 자신을 가리키고 있다고 하신 말씀에 비추어 매우 타당한 것입니다. 게다가 그리스도 중심적 해설을 무리하게 전개하지 않습니다. 각 본문에서 하나님의 구원 언약과 그것을 실현하시는 하나님을 드러내면서, 그리스도의 예표적 설명이 가능한 사건을 놓치지 않고 풀어내고 있습니다.

성경 공부 교재는 명시적으로 혹은 암시적으로 제시하는 교리적 진술이 교리 체계상 건전해야 합니다.《가스펠 프로젝트》는 99개 조에 이르는 핵심 교리를 일목요연하게 제시하여 교리의 건전성을 확인할 수 있도록 도움을 줍니다.《가스펠 프로젝트》의 교리는 교파를 막론하고, 예수 그리스도의 복음에 충실한 복음주의 교회들에게 환영받을 만합니다. 물론 교파마다 약간의 이견을 갖는 부분들이 있을 수 있겠지만, 각 교회에서 교재를 활용하는 데에 무리가 없을 것입니다.《가스펠 프로젝트》의 특징은 각 과에서 학습한 내용을 핵심 교리와 연결해 주며, 그 결과 그리스도의 복음에 관련한 교리적 이해를 강화시킨다는 데에 있습니다.

끝으로《가스펠 프로젝트》는 어떤 성경 주해서나 교리 학습서가 갖지 못하는 훌륭한 장점을 가지고 있습니다. 그것은 학습자를 하나님과 그리스도의 복음 앞으로 이끌며, 자신의 신앙과 삶을 돌아보도록 하는 적용의 적실성과 훈련의 효과입니다. 아울러 본문과 관련한 교회사적으로 또 주석적으로 중요한 신학자와 목사의 어록을 제시하고, 심화 토론을 위한 질문을 달아 주고, 선교적 안목을 열어 주는 적용 질문들을 더해 준 것은《가스펠 프로젝트》에서 얻을 수 있는 커다란 유익입니다.

추천할 만한 마땅한 성경 공부 교재를 찾기가 쉽지 않은 현실에서《가스펠 프로젝트》는 성경을 개괄적으로 매주 한 과씩 3년의 기간 동안 일목요연하게, 그리고 그리스도 중심적으로 공부하도록 이끌어 준다는 점에서, 한국 교회의 기초를 성경 위에 놓는 일에 커다란 공헌을 할 것으로 믿어 의심치 않습니다.

《가스펠 프로젝트》는 한 영혼 한 영혼을 향한 하나님의 멈추지 않는 사랑을 깨닫게 하며, 아들을 내어 주신 아버지 하나님의 놀라운 구원 계획에 눈뜨게 하는 교재입니다. 성경을 꿰뚫는 변함없는 메시지이신 예수 그리스도를 만나게 하는 교재입니다. 무엇보다도《가스펠 프로젝트》영유아 교재의 장점은 아이들의 특성에 맞추어 예배를 세울 수 있도록 다양한 놀이 활동과 운영 방식을 활용했다는 것입니다. 흥미로운 반복 학습을 통해 기독교 핵심 주제를 가까이 접하고, 그것을 가정과 연계하도록 돕습니다. 또 각종 영상 자료와 그림 자료를 통해 아이들을 교육하는 현장에 큰 활력을 불어넣습니다. 영유아의 눈높이에 맞춰 신앙을 교육하고자 애쓰는 부모와 교사, 다음 세대를 걱정하는 교회 지도자들에게 이 교재를 기쁜 마음으로 추천합니다.

김요셉 _ 중앙기독학교 교목, 원천침례교회 목사

추천사

우리 시대의 전 세계적 교회 부흥은 두 가지 샘을 갖고 있습니다. 한 샘은 오순절 부흥 운동의 샘입니다. 이 샘으로 많은 시대의 목마른 영혼들이 목마름을 해갈했습니다. 또 하나의 샘은 성경 연구의 샘입니다. 남침례교 주일학교 운동은 이 샘의 개척자입니다. 이 샘으로 지금도 많은 성도가 목마름을 해갈하고 있습니다. 미국 남침례교 라이프웨이 출판사는 이러한 사역을 충실히 감당해 왔습니다.《가스펠 프로젝트》는 모든 필요를 공급하는 원천이 될 것입니다.《가스펠 프로젝트》는 쉬우면서도 결코 피상적이지 않습니다. 믿음의 단계를 따라 하나님의 자녀들에게 꼭 필요한 복음의 진수를 맛보게 해 줄 것입니다.

이동원 _ 지구촌교회 원로목사, 지구촌 목회리더십센터 대표

《가스펠 프로젝트》는 예수 그리스도를 중심으로 성경을 배웁니다. 성경이 어떻게 그리스도와 연결되어 있는지, 또 성도의 삶이 하나님의 구원 계획에 어떻게 연결되어야 하는지 구체적으로 제시합니다. 특히《가스펠 프로젝트》는 하나의 본문으로 각 연령에 맞게 구성한 교재를 제공하여 하나의 본문으로 전 세대를 연결하고, 가정과 교회를 하나 되게 합니다. 신앙의 전수가 중요한 시대에 성도와 교회와 가정이 한마음으로 다음 세대를 준비시키기에 적합합니다. 특히 가정에서 부모가 자녀와 말씀으로 대화를 나눌 수 있게 하여 자녀 신앙 교육에 도움이 될 것입니다.

이재훈 _ 온누리교회 담임 목사

어려서부터 성경을 알아 가는 것은 평생교육의 가장 중요한 기본입니다. 디모데가 어린 시절부터 어머니 유니게로부터 성경을 배운 것처럼, 우리의 다음 세대는 영유아 시절부터 성경을 배워야 합니다. 《가스펠 프로젝트》는 누구나 쉽고 재미있게 가르치고 배울 수 있는, 영유아들을 위한 성경 교육 교재입니다. 이미 미국 남침례교단을 중심으로 이 교재의 탁월성이 입증되었는데, 우리나라의 상황에 맞게 수정하고 보완된 이 교재가 영유아들을 하나님의 사람으로 세우는 데에 큰 역할을 감당할 것입니다. 《가스펠 프로젝트》가 어느 때보다도 다음 세대 신앙의 위기를 경험하고 있는 한국교회 영유아 교육에 새로운 활력소가 되기를 기대합니다. 영유아를 키우고 가르치는 모든 한국교회의 영유아부 교역자와 교사, 그리고 부모에게 추천합니다.

박상진 _ 장로회신학대학교 기독교교육학 교수

《가스펠 프로젝트》 영유아부 교재는 언어발달과 표현의 한계를 가진 영유아들이 복음을 영접하고 말씀 양육을 받아들이는 가능성을 보여 준 교재입니다. 교회와 가정, 교사와 부모가 영유아와 긴밀하게 상호 작용하도록 하는 내용을 일관성 있게 제시하여 양육자를 통한 태도 교육과 반복 학습이 중요하게 작용하는 시기를 지나고 있는 영유아들에게 적합합니다. 또한 전 연령에 맞는 교재가 갖춰져 있으므로 모든 가족, 더 나아가 모든 교회의 구성원이 같은 말씀으로 대화를 나눌 수 있습니다. 이 교재를 통해 주님이 주의 어린이들에게 은총의 단비를 부어 주시어 말씀의 싹이 돋게 하시고, 영유아들이 주 예수 그리스도를 닮아서 지혜롭게 자라기를 바랍니다.

이영희 _ 카도쉬비전센터 이스라엘교육연구원 대표, 《토라 태교》 저자

《가스펠 프로젝트》 영유아부 교재 발간으로 어린아이들이 교회에서는 교회학교 교사와, 가정에서는 부모와 성경을 공부하여 하나님의 말씀을 가까이할 수 있게 됨을 축하합니다. 이 교재는 교회학교 교사가 아이들에게 말씀을 효과적으로 가르칠 수 있는 교수 매체로서, 아이들과 함께 다양한 놀이 및 활동을 할 수 있도록 안내합니다. 교재의 삽화는 성경의 주요 본문을 잘 드러내어 성경 내용을 이해하는 데 도움을 줍니다. 활동 자료는 아이들의 발달 특성을 고려하여 자유 선택 활동을 강화하고, 움직임이 많은 대그룹 놀이 활동을 마무리에 담고 있습니다. 가정 활동으로 제공하는 이야기 성경 부분의 스티커 활동은 영유아들에게 성경 공부에 대한 흥미를 더해 줍니다. 《가스펠 프로젝트》 영유아부 교재를 사용하는 교회학교 교사, 부모, 어린아이들은 예수 그리스도를 배우고 본받아 하나님의 온전한 백성이 되기 바랍니다.

장화선 _ 안양대학교 기독교교육학 교수

단원

창조의 하나님

태초에 하나님이 하나님의 영광을 위해 세상 모든 것을 만드셨습니다. 하나님은 하나님의 형상대로 사람을 만드셨습니다. 아담과 하와를 통해 죄가 세상에 들어왔지만, 하나님은 이미 한 후손을 통해 사람들을 하나님께로 돌아오게 할 계획을 품고 계셨습니다. 그 후손은 바로 하나님의 아들, 예수 그리스도이십니다.

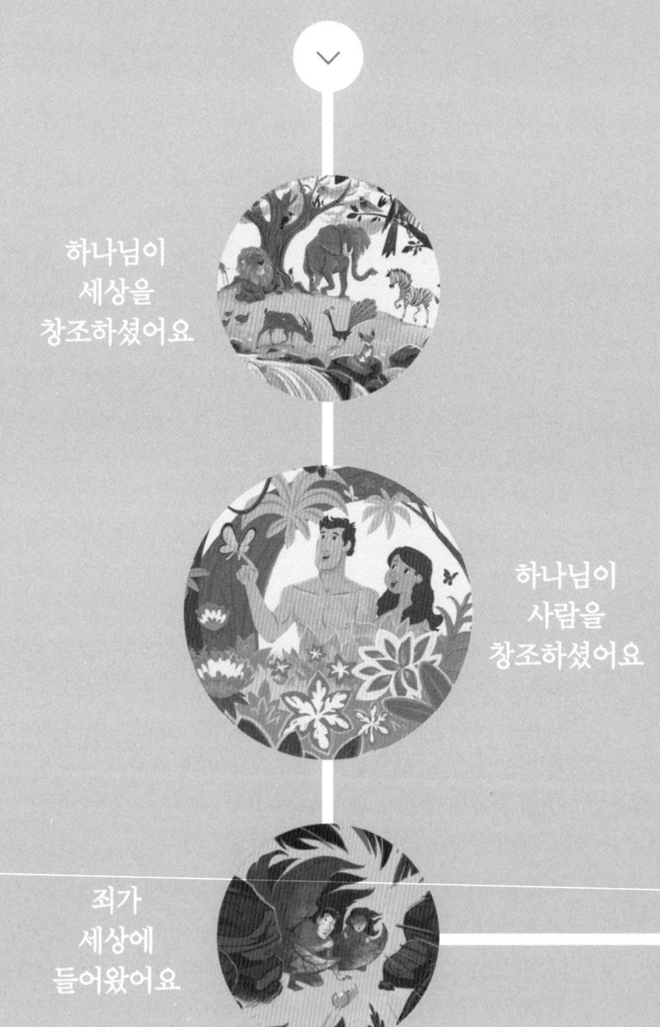

바벨탑을 쌓던
사람들이
흩어졌어요

하나님이
노아와 가족을
구해 주셨어요

가인과 아벨이
제물을
드렸어요

마음 열기 자유 놀이 구성

놀이 영역 / 과	신체	쌓기 및 역할	미술	음률	감각 탐색	언어
공통		>블록 쌓기 >인형 놀이	>모양 찍기 점토 놀이 >지문 찍어 나무 만들기	"예수 사랑하심을" 찬송 부르며 악기 연주하기	>동물 퍼즐 맞추기 >곡식관찰하기 >까꿍 놀이	>성경 탐구하기 >창조·인체에 관한 책 읽기
1과	창조 그림 징검다리 건너기				>물고기 관찰하기 >장난감 마이크 놀이	
2과		종이 인형 역할 놀이			쌀 놀이 (사람 모형·동물 모형 찾기)	
3과	선택하기				과일 따기	
4과		아기 양 돌보기			곡식 구별하기	
5과	배 타기		레인 스틱 악기 만들기	방주에서 어떤 소리가 났을까요?	무지개 색깔 맞추기	비와 날씨·노아의 방주에 관한 책 읽기
6과		공구 놀이				여러 나라의 인사말

블록 쌓기

준비물 ▶ 종이 블록 또는 말랑말랑한 우레탄 블록 3개, 자동차 모형

아이들과 함께 종이 블록 3개로 블록 쌓기를 한다. 교사와 아이가 번갈아 쌓는다. 만약 아이들이 아직 블록을 쌓을 수 없다면 교사가 쌓고 아이들이 넘어뜨리게 해도 좋다. 아이들은 블록을 넘어뜨리는 것을 즐거워할 것이다. 쌓기 힘든 경우 바닥에 길게 늘어뜨리는 것도 좋은 방법이다. 자동차 모형을 이용해 블록 위를 움직이며 놀이하도록 한다.

인형 놀이

준비물 ▶ 안을 수 있는 크기의 다양한 동물 인형과 남녀 아기 인형, 인형 침대 · 유모차 · 담요 · 포대기 등

아이들이 다양한 동물 인형과 남녀 아기 인형을 안거나 돌볼 수 있도록 지도한다.

모양 찍기 점토 놀이

준비물 ▶ 무독성 색깔 점토, 찍기 틀(과일 · 동물 모양), 점토 가위 · 칼

점토를 평평한 판 모양으로 만든다. 아이들이 점토 판에 손가락을 꾹꾹 눌러 손도장을 찍도록 도와준다. 찍기 틀로 점토를 찍어 과일과 동물 모양을 만들어 보도록 한다. 점토를 점토 칼이나 점토 가위로 잘라 보도록 한다. 아이들이 부드러운 점토를 충분히 만질 수 있도록 지도한다.

지문 찍어 나무 만들기

준비물 ▶ A4 용지, 수용성 잉크 패드, 사인펜, 물티슈

A4 용지에 나무 밑그림을 그리고 아이들의 수만큼 복사해 한 장씩 나누어 준다. 아이들이 수용성 잉크 패드에 엄지손가락 지문을 찍은 후에 나무 밑그림에 잎사귀와 열매로 표현해 볼 수 있도록 지도한다. 첫째 주는 잎사귀, 둘째 주는 열매를 표현하는 등 잎사귀와 열매를 구분해 2주에 걸쳐 활동해도 좋다. 활동이 마무리되면 물티슈를 이용해 깨끗이 닦게 한다.

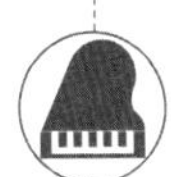

"예수 사랑하심을"(새찬송가 563장) 찬송 부르며 악기 연주하기

준비물 ▶ "예수 사랑하심을" 찬송 음원, 음원 재생 기기(CD플레이어, 스마트폰 등), 다양한 리듬 악기(북, 마라카스 등)

아이들과 함께 "예수 사랑하심을" 찬송 음원에 맞추어 손뼉 치기나 손 흔들기 등 간단한 율동을 하며 찬송을 따라 부른다. 이어 소리가 지나치게 크지 않고 흥겹게 연주할 수 있는 리듬 악기를 연주한다.

동물 퍼즐 맞추기

준비물 ▶ 동물 퍼즐, 책상, 팝업 텐트

아이들과 함께 동물 퍼즐을 맞춘다. 책상에 퍼즐을 올려 두고 맞추거나, 팝업 텐트를 펼치고 그 안에 들어가 퍼즐을 맞춰도 좋다.

곡식 관찰하기

준비물 ▶ 다양한 곡식(옥수수, 콩, 쌀, 보리, 조, 귀리 등), 투명 페트병

투명 페트병에 다양한 곡식을 넣고 뚜껑을 잘 잠근다. 아이들에게 페트병에 담긴 곡식들을 요리조리 잘 관찰하라고 한다. "하나님이 만드신 다양한 곡식이에요"라고 말해 준다.

까꿍 놀이

준비물 ▶ 보자기, 아크릴 안전 손거울

보자기로 교사와 아이가 서로의 얼굴을 가렸다 보여 주는 까꿍 놀이를 하다가, 아이가 즐겁게 참여하면 보자기로 아이의 온몸을 덮었다 들추는 까꿍 놀이도 시도해 본다. 아이들에게 아크릴 안전 손거울을 나누어 준다. 얼굴이 보였다가 안 보였다가 하도록 거울을 앞뒤로 뒤집으며 까꿍 놀이를 한다.

성경 탐구하기

준비물 ▶ 성경, 바구니 또는 특별한 주머니

한 손에 쏙 들어갈 만한 크기의 성경을 여러 권 준비해 바구니에 넣어 두고 성경을 가지고 놀면서 탐구하게 한다. 매주 성경을 살펴보며 성경과 친숙해지게 한다. 단원 암송 구절에 표시해 두었다가 읽어 주는 것도 좋다. 성경은 특별한 책으로 하나님의 말씀이 적혀 있다고 말한다. 하나님의 말씀은 참말이며 하나님은 모든 약속을 지키신다고 말한다.

창조 · 인체에 관한 책 읽기

준비물 ▶ 창조 · 인체에 관한 촉감 책, 보드 북, 비닐 책 등

아이들에게 창조에 관한 책을 읽어 주면서 하나님이 만드신 세상에 관해 이야기를 나눈다. 인체에 관한 책을 펴고 손가락으로 사람 그림을 가리키며 읽어 준다. 인체의 명칭을 중심으로 이야기를 나눈다. 실제로 아이의 신체를 가리키며 정확한 명칭을 이야기하도록 한다.

마음 열기 소개

영유아기는 성인과는 다른 발달단계를 거치며 폭발적으로 성장하는 시기입니다. 동시에 영유아는 교회에 나온 지 얼마 되지 않은 새신자입니다. 성인의 새 신자 초청 잔치를 상상해 보십시오. 새 신자가 복음을 쉽고 편안하게 받아들일 수 있도록 전통적인 예배 형식을 고수하기보다는 다양한 방법을 모색할 것입니다. 새 신자이면서 동시에 폭발적인 성장 시기를 겪고 있는 영유아의 교회 교육에는 더욱 세심한 노력이 필요합니다.

영유아가 낯선 장소에서 새로운 사람들과 함께 예배하는 것에 익숙해지는 일은 쉬운 일이 아니며, 개인차도 크게 나타납니다. 그러므로 영유아가 마음을 열고 복음에 귀 기울이며 하나님의 사랑을 알아 가고 예배할 수 있는 편안하고 친숙한 환경을 제공해야 합니다. 이 교재의 '마음 열기 자유 놀이 구성'은 이를 돕는 방법이 될 것입니다.

자유 놀이 구성

마음 열기 자유 놀이를 위해 매 주일 예배실에 5~6가지의 활동을 준비합니다. 집중 시간이 길지 않아 쉽게 흥미를 잃는 영유아를 위해 단일 활동을 제공하기보다는 선택할 수 있는 다양한 활동을 준비하고 영역을 구분하여 운영하는 것이 좋습니다. 영유아가 예배실에 들어서며 그날 성경 이야기와 주제에 맞는 활동을 자유롭게 선택하게 합니다. 영유아의 발달 특성에 맞게 찾고, 만지고, 놀이하고, 알아 가는 과정이 포함된 활동이 효과적입니다.

이 교재는 단원별 공통 활동과 과별 추가 활동을 소개하고 있습니다. 단원별 공통 활동으로 3~6주간 지속적으로 놀이할 수 있게 하고, 과별 활동을 추가해 놀이 환경에 변화를 줍니다. 교회와 영유아의 특성에 맞게 친근하면서도 흥미로운 환경으로 구성합니다.

자유 놀이 운영

활동 시간을 20분 정도 제공해서 영유아가 주체적으로 하고 싶은 활동을 선택할 수 있게 합니다. 준비된 모든 활동을 다 하지 않아도 됩니다. 지시적이고 일방적인 교육이 되지 않도록 교사와 소통하는 쌍방적인 전달 체계가 필요합니다. 기회가 된다면 자연스럽게 그 과의 주제와 연결합니다.

자유 놀이 효과

영유아는 어릴 때부터 어린이집과 다양한 교육기관을 통해 교육받으며 각종 교수 매체와 다양한 교수 방법을 경험하고 있습니다. 영유아가 교회 밖에서 흔히 경험하는 자유 놀이 방식을 통해, 주일학교 교육 환경에 쉽게 익숙해지도록 도울 수 있습니다.

'마음 열기 자유 놀이 구성'은 영유아에게 교회에 대한 친근감을 높이고, 자발적으로 활동에 참여하는 좋은 기회를 만들어 줄 것입니다. 아이 수준에 맞게 성경 지식을 쌓아 가는 데 큰 도움이 될 것입니다. 영유아는 예배실에 발을 디디며 자신이 좋아하는 놀이를 통하여 마음의 문을 활짝 열 것입니다.

카운트다운

블록 놀이

USB

카운트다운 영상(지도자용 팩)은 이전 활동을 마무리하고, 다음 활동으로 전환할 때 활용한다. 같은 순서에 반복 사용하는 것이 효과적이다.

단원 주제

하나님이 모든 것을 만드셨어요.

단원 암송

하나님은 한 분이세요.

그러나 우리에게는 한 하나님 곧 아버지가 계시니 만물이 그에게서 났고 우리도 그를 위하여 있고 또한 한 주 예수 그리스도께서 계시니 만물이 그로 말미암고 우리도 그로 말미암아 있느니라(고전 8:6).

1 하나님이 세상을 창조하셨어요

(창 1:1~25)

가스펠 포인트

하나님이 모든 것을 만드셨어요.
하나님이 만드신 것은 다 좋았어요.
하나님이 모든 것을 다스리세요.

단원 주제

하나님이 모든 것을 만드셨어요.

단원 암송

하나님은 한 분이세요(고전 8:6).

본문 속으로

태초에 하나님이 모든 것을 창조하셨습니다. 하나님은 우주를 '엑스 니힐로'(*ex nihilo*), 즉 '무'(無)에서 창조하셨습니다. 온 세상은 말씀으로 생겨났습니다. 하나님이 말씀하시자 그대로 이루어졌습니다. 하나님은 빛, 땅, 하늘, 별, 식물, 동물을 만드셨고, 그것들은 보시기에 좋았습니다. 피조물은 완벽히 하나님이 의도하신 대로였습니다.

모든 성경 이야기는 그보다 훨씬 더 큰 이야기, 즉 하나님의 구속사의 작은 조각들입니다. 죄가 세상에 들어와 모든 것에 영향을 미칠 것을 하나님은 이미 아셨습니다. 하나님은 자신의 아들을 통해 사람들에게 은혜를 베풀어(딤후 1:9) 그들을 구하고 회복시킬 계획을 이미 가지고 계셨습니다. 사실 성경은 하나님이 세상을 창조하시기 전부터 그분의 계획을 가지고 계셨다고 말합니다(엡 1:4~6).

성경은 위대하신 하나님이 자신의 아들 예수님을 보내어 죄를 위한 완벽한 희생 제물이 되게 하심으로 반역한 사람들을 구속하신 이야기를 담고 있습니다. 예수님 이야기는 구유에서 시작되지 않습니다. 성자 하나님은 항상 존재하셨고, 창조 때에도 계셨습니다. 그분은 말씀이시며, 만물이 그분을 통해 창조되었습니다(요 1:1~3). 골로새서 1장 16~17절은 만물이 그분에 의해, 그분을 위해 창조되었고, 그분이 만물을 유지하고 계신다고 말합니다. 우리는 창조를 통해 하나님의 영원한 능력과 신성한 본질을 보고 이해합니다(롬 1:20).

●● 티칭 포인트

창조를 배우는 아이들이 하나님이 누구이신지 스스로 찾아낼 수 있도록 도와주십시오. 하나님은 하나님께 영광을 돌리게 하시려는 목적, 즉 하나님이 얼마나 놀라운 분이신지를 사람들에게 나타내시려는 목적으로 모든 것을 창조하셨다는 사실을 아이들에게 알려 주십시오. 시편 19편 1절은 "하늘이 하나님의 영광을 선포하고 궁창이 그의 손으로 하신 일을 나타내는도다"라고 말합니다.

창세기는 역사상 가장 위대한 이야기의 시작입니다. 그것은 실화이며, 그 모든 것의 중심에는 우리의 참된 영웅이신 구원자 예수 그리스도께서 계십니다. 이 이야기가 모든 것을 바꿉니다.

이야기 성경

하나님이 세상을 창조하셨어요

창 1:1~25

맨 처음 이 세상에는 하나님밖에 없었어요. 해도 없고, 흙도 없고, 시내도 없었어요. 동물도, 사람도 없었지요. 하나님은 아무도 할 수 없는 일을 시작하셨어요. 바로 세상을 만드는 일이에요. 아무 재료도 없이 말이에요!

땅은 아무 모양도 없었고 어두웠어요. 하나님이 말씀하셨어요. "빛이 있으라!" 그러자 하나님이 말씀하신 대로 빛이 생겼어요. 빛은 하나님이 보시기에 좋았어요. 하나님은 빛을 '낮'이라고 부르시고, 어둠을 '밤'이라고 부르셨어요. 이것이 창조의 첫째 날이에요.

둘째 날, 하나님은 하늘을 만드셨어요.

셋째 날, 하나님은 땅 위의 물을 한곳으로 모아 바다를 만드셨어요. 이제 마른 땅이 생겼어요. 땅과 바다도 하나님이 보시기에 좋았어요. 하나님은 다른 것도 더 만드셨어요. 온갖 종류의 풀과 씨를 맺는 채소와 씨를 가진 열매를 맺는 나무를 만드셨어요. 풀과 채소와 나무에 씨를 만드셔서 앞으로 더 많이 자라나도록 하셨답니다.

넷째 날, 하나님은 하늘에 낮과 밤을 밝혀 줄 빛들을 만드셨어요. 낮에는 해가, 밤에는 달과 별들이 빛나게 하셨지요. 하나님이 보시기에 좋았어요.

다섯째 날, 하나님은 물에 사는 생물들과 날개 있는 새들을 만드셨어요. 물속에는 물고기와 고래와 해마와 문어가 헤엄쳤어요. 하늘에는 새들이 날아다녔어요. 하나님은 모든 생물을 다르게 만드셨고, 이것은 하나님이 보시기에 좋았어요. 하나님은 그들에게 복을 주셨어요. 물에 사는 생물들과 새들에게 새끼들을 많이 낳아 하늘과 바다를 가득 채우라고 말씀하셨지요.

여섯째 날, 하나님은 땅 위에 사는 생물을 만드셨어요. 모두 다르게 말이에요! 사자나 기린, 여우 같은 땅의 짐승과 악어나 애벌레처럼 땅에 기어 다니는 동물을 만드셨어요. 소나 낙타, 양처럼 사람을 도와주는 동물인 가축도 만드셨지요. 하나님이 만드신 것들은 다 하나님이 보시기에 좋았어요.

●● 예수님 생각하기

예수님은 모든 것의 주인이세요. 모든 것이 예수님에 의해, 그리고 예수님을 위해 창조되었어요. 예수님이 이 모든 것을 붙들고 계세요(골 1:16~17).

가스펠 준비

싱글벙글 — 환영해요

USB

"나의 창조주"(지도자용 팩)를 튼다. 아이들을 반갑게 맞이하며 헌금과 기도를 도와준다. 예배 중에 헌금 순서가 있다면 헌금을 잘 간수하도록 돕는다. 가방과 옷을 정리하도록 안내한다. 새로 온 아이에게는 음수대와 화장실의 위치를 알려 주고, 보호자와 만나는 시간과 방법 등을 소개한다. 보호자를 위한 안내문을 붙여 끝나는 시간, 기다리는 장소, 헌금 방법, 아이에 대한 특별한 주의 사항을 교사에게 미리 알려 달라는 당부 등을 공지한다.

너랑 나랑 — 마음 열기

아이들이 편안하고 친숙하게 하나님께 마음을 열고, 하나님을 알아 가도록 돕는 놀이 환경을 제공한다. 흥미를 유발할 수 있는 놀잇감으로 자유 놀이 영역을 구성한다. 단원별 공통 활동에 각 과의 주제와 연결된 활동 영역을 추가하여 아이들이 자유롭게 선택하게 한다. 충분히 활동할 수 있도록 20분 정도의 시간을 할애하는 것이 좋다.

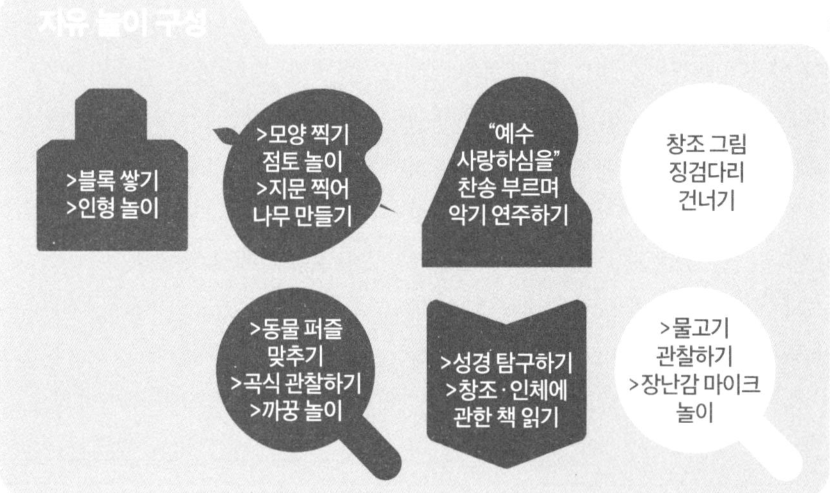

USB

창조 그림 징검다리 건너기

준비물 ▶ A4 용지, '창조 그림' 자료(지도자용 팩), 동그란 모양의 미끄럼 방지 매트, 투명 박스테이프, 가위

❶ 미리 A4 용지에 '창조 그림' 자료(지도자용 팩)를 프린트한 후 가위로 잘라 둔다.

❷ 예배실 입구 바닥에 ❶을 창조 순서대로 징검다리 모양으로 붙인다. 간격은 아이들의 보폭에 알맞게 붙인다. 아이들이 건너뛸 때 미끄러지지 않도록 주의한다.

tip ❶을 동그란 모양의 미끄럼 방지 매트 위에 붙이고 활동해도 좋다.

❸ 걷기, 두 발 모아 뛰기, 한 발로 뛰기, 깡충깡충 뛰기 등 다양한 방법으로 건너 뛸 수 있도록 지도한다.

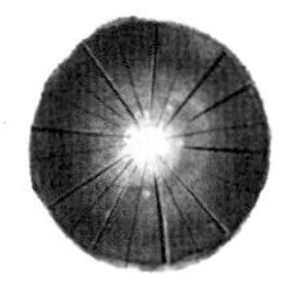     

인도자 여기에 창조 그림 징검다리가 있네요. 깡충깡충 건너가 볼까요? 여기에는 하늘이 있어요. 하나님이 하늘을 만드셨어요. 나무랑 꽃이 있네요. 이쪽으로 건너가 볼까요? 하나님이 해도, 달도 만드셨어요. 물고기랑 "어흥" 하고 우는 사자는 누가 만드셨을까요? 하나님이 만드셨어요. 창조 그림 징검다리를 잘 건너왔어요. **하나님이 모든 것을 만드셨어요.**

물고기 관찰하기

준비물 ▶ 어항, 물고기, 물고기 먹이

❶ 아이들에게 물고기가 담긴 어항을 보여 준다. 물고기들이 움직이는 모습을 관찰하며 창조의 경이로움을 느낄 수 있도록 지도한다.

❷ 물고기들에게 먹이를 주고, 물고기들이 먹이를 먹는 모습을 같이 관찰하고 이야기를 나누어 본다.

인도자 어항 속에 있는 물고기를 살펴볼까요? 꼬리를 흔들고 있어요. 작은 물고기도 있네요. 모두 몇 마리인지 세어 볼까요? 물고기는 손발이 없지만 지느러미가 있어서 헤엄을 잘 쳐요. 하나님이 이 물고기들과 모든 동물을 멋지게 만드셨어요.

장난감 마이크 놀이

준비물 ▶ 목소리가 울리는 장난감 마이크

❶ 아이들에게 장난감 마이크를 건네며, 하고 싶은 말을 해 보라고 한다.

❷ 인도자가 마이크에 대고 하나님이 말씀으로 세상을 만드셨다고 이야기한 뒤, "빛이 있으라!"라고 말한다.

❸ 아이들에게 마이크를 건네면서 "하나님이 만드셨어요!"라고 크게 이야기하게 한다.

인도자 마이크에 대고 이야기하니까 재미있지요? "아, 아." 하나님은 말씀으로 세상을 만드셨어요. "**하나님이 모든 것을 만드셨어요.** 하나님, 사랑해요!"라고 외쳐 보아요.

가스펠 설교 대형으로 모이기

- 카운트다운 영상, 모이기 노래 등을 활용해 설교 대형으로 바꾸고 마음을 준비하게 한다.

가스펠 설교

하나 — 성경 이야기

• 막대 인형 활용하기 : 해, 동물, 식물 등의 창조물 막대 인형을 만들어 아이들에게 차례로 보여 주며 이야기한다.

USB

아이들에게 성경을 나눠 주고 펼치게 한다. 제목을 말하고, 성경 본문의 핵심 부분을 읽어 준다. 말씀 듣기 시간을 알려 주는 찬양을 부른 후 성경 이야기를 읽어 주거나 설교 영상(지도자용 팩)을 보여 준다.

맨 처음에는 하나님밖에 없었어요. 하나님이 세상을 만드셨어요. 하나님은 빛을 만드셨어요. 하나님은 하늘을 만드셨어요. 하나님은 바다와 땅을 만드셨어요. 하나님은 모든 풀과 나무를 만드셨어요. 하나님은 해와 달과 별들을 만드셨어요. 하나님은 물속에 사는 온갖 물고기를 만드셨어요. 하나님은 하늘을 나는 온갖 새를 만드셨어요. 하나님은 모든 동물을 만드셨어요. 하나님은 이렇게 좋은 것들을 말씀으로 6일 만에 모두 만드셨어요.

둘 — 가스펠 포인트

하나님이 모든 것을 만드셨어요.
하나님이 만드신 것은 다 좋았어요.
하나님이 모든 것을 다스리세요.

"좋으신 하나님"의 곡에 맞춰 다음 가사로 노래를 부르며 메시지를 정리한다.

♪

창조주 하나님
창조주 하나님
이 세상을
창조하셨네.

하나님이 이 세상과 동물들을 만드셨어요. **하나님이 모든 것을 만드셨어요.**

셋 — 복음 초청

성경과 복음 초청 가이드(155쪽)를 이용해서 아이들에게 그리스도를 소개한다.

예수님을 믿고 싶은 친구는 함께 기도해요.

넷 — 기도

이 세상의 모든 것을 만들어 주신 하나님 감사해요. 예수님 이름으로 기도합니다. 아멘.

다섯 — 암송송

1단원 암송송(156쪽)을 손유희와 함께 부르거나, 일부 구절 또는 간단하게 줄인 문장을 활용할 수 있다.

“그러나 우리에게는 한 하나님 곧 아버지가 계시니 만물이 그에게서 났고 우리도 그를 위하여 있고 또한 한 주 예수 그리스도께서 계시니 만물이 그로 말미암고 우리도 그로 말미암아 있느니라”(고전 8 : 6).

“하나님은 한 분이세요.”

가스펠 활동

알콩달콩 소그룹

하나님은 무엇을 창조하셨나요?

준비물 ▶ 영유아부 교재 4쪽, 41쪽 '창조 그림' 스티커

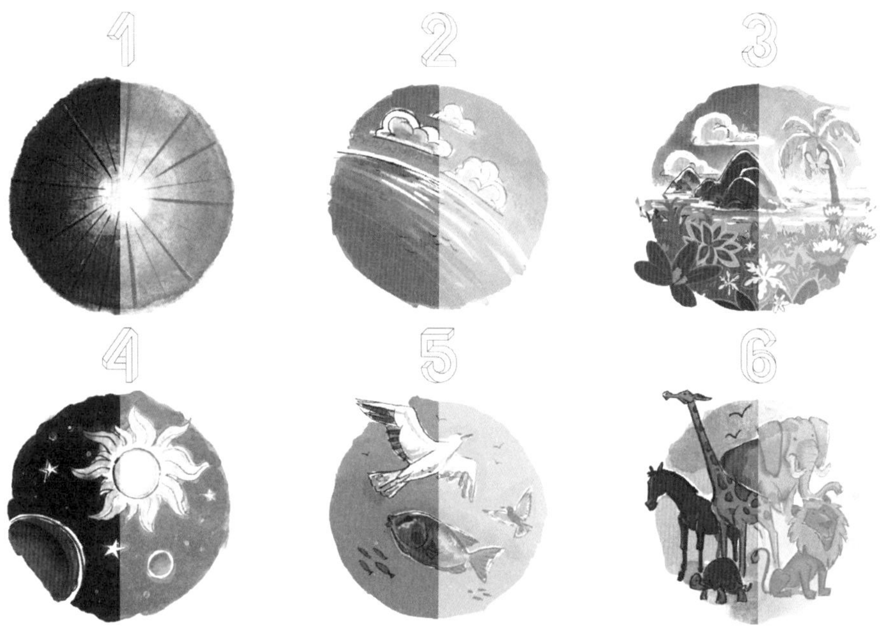

❶ 영유아부 교재 41쪽 '창조 그림' 스티커를 하나씩 살펴보며 무슨 그림인지 이야기를 나눈다.

❷ 스티커를 하나씩 떼어 아이의 손가락에 붙여 주고, 알맞은 자리에 붙이게 한다.

❸ 스티커를 붙인 그림을 보면서 하나님의 창조 순서를 살펴보게 한다.

인도자 이 세상은 누가 만드셨나요? **하나님이** 이 세상과 그 안에 있는 **모든 것을 만드셨어요**. 빛, 하늘, 바다와 땅, 해와 달과 별, 물고기와 하늘을 나는 새, 모든 동물을 만드셨어요. 하나님이 만드신 것은 다 좋았어요. 하나님이 모든 것을 다스리세요.

말씀으로 만드셨어요

준비물 ▶ 두루마리 화장지 속심, 다양한 꾸미기 스티커

❶ 아이들에게 두루마리 화장지 속심을 하나씩 나누어 주고 만져 보게 한다.

❷ 두루마리 화장지 속심의 끝부분을 입 가까이에 대고 하고 싶은 말을 해 보라고 한다.

❸ 이번에는 인도자가 "하나님이 만드셨어요"라고 말하는 시범을 보이고 따라 해 보게 한다.

❹ 다양한 꾸미기 스티커를 이용해 두루마리 화장지 속심을 꾸미는 시간을 갖는다.

인도자 **하나님이 모든 것을 만드셨어요.** 말씀으로 만드셨지요. 하나님이 만드신 것은 다 좋았어요.

영차, 영차 대그룹

동물이 되어 보아요

준비물 ▶ 동물 인형들(강아지, 고양이, 토끼, 말 등), 대형 주머니

❶ 아이들에게 동물 인형들을 보여 주고 무슨 동물인지 물어본다.

❷ 대형 주머니에 동물 인형들을 넣는다.

❸ 아이들에게 "하나님은 모든 것을 6일 만에 만드셨어요"라고 말한 후 숫자 1부터 6까지 차례로 세고 동물 인형을 하나 뽑는다.

❹ 아이들에게 "하나님이 ○○을 만드셨어요"라고 말해 주고 몸동작으로 그 동물을 흉내 내고 울음소리를 따라 해 보게 한다.

❺ 마지막 동물 인형을 뽑을 때까지 ❸과 ❹를 반복한다.

인도자 하나님이 동물들을 만드셨어요. **하나님이 모든 것을 만드셨어요.** 하나님은 이 모든 것을 6일 만에 만드셨어요. 그리고 하나님이 모든 것을 다스리세요.

소곤소곤 꿀~꺽 간식

준비물 ▶ 동물 모양 크래커, 접시

❶ 아이들에게 주변을 정리하게 하고, 화장실에 가거나 물티슈 등을 이용해 손을 씻을 시간을 준다.

❷ 감사 기도를 드리고 동물 모양 크래커를 간식으로 나누어 준다. 간식을 먹으며, 손에 집은 크래커가 무슨 동물 모양인지 이야기하고 "하나님이 ○○을 만드셨어요"라고 말하도록 지도한다.

신나는 마무리

준비물 ▶ 영유아부 교재 3쪽 활동지, 33쪽 메시지 카드, 43쪽 '이야기 성경' 스티커

❶ 활동지와 스티커, 메시지 카드를 나누어 주고 가족과 함께 오늘 배운 성경 이야기를 기억하라고 격려하며 가방을 정리해 준다.

가족과 활동해요

- '이야기 성경' 스티커를 붙이며 말씀을 기억해요.
- 온 가족이 함께 차를 타고 가면서 하나님이 만드신 세상을 감상해 보세요.
- 하나님이 만드신 세상에 대해 감사하는 기도를 드리고, "좋으신 하나님" 찬양을 불러요.

❷ 축복과 파송의 메시지를 담은 찬양을 부르며 인사한다.

❸ 아이를 데리러 온 보호자에게 아이가 특별히 즐거워했거나 잘했던 활동들에 대해 이야기해 주고, 가정에서 활동지와 스티커, 메시지 카드를 활용해 말씀을 들려주도록 격려한다.

- 활동지 : 가정에서 활동지에 '이야기 성경' 스티커를 붙이며 성경 말씀을 들려줄 수 있다. 1~13과의 스티커를 한꺼번에 나누어 주거나, 매주마다 각 과의 스티커만 잘라서 나누어 주어도 된다.
- 메시지 카드 : 가정에서 메시지 카드의 단원 주제, 단원 암송, 각 과의 가스펠 포인트와 가족 활동 자료를 토대로 신앙 교육에 활용할 수 있다. 한 줄로 이어 붙이면 띠 벽지로 활용할 수 있다.

2
하나님이 사람을 창조하셨어요

(창 1:26~2:25)

가스펠 포인트

하나님이 사람을 만드셨어요. 하나님은 사람을 사랑하세요.
하나님이 만드신 사람은 하나님을 닮았어요.
하나님이 모든 것을 다스리세요.

단원 주제

하나님이 모든 것을 만드셨어요.

단원 암송

하나님은 한 분이세요(고전 8:6).

본문 속으로

창조 여섯째 날, 하나님은 하나님의 형상대로 사람을 창조하셨습니다. 하나님은 땅의 흙으로 사람을 지으셨습니다. 그리고 그의 코에 생기를 불어 넣으셨습니다. 그러자 사람이 생명체가 되었습니다(창 2:7). 사람은 하나님의 다른 피조물들과 구별되었습니다. 하나님은 동물에게 숨을 불어 넣지 않으셨습니다. 옹기장이가 진흙으로 그릇을 빚듯 하나님은 흙으로 사람을 정교하게 빚으셨습니다(사 64:8).

하나님은 사람이 살아가는 데 필요한 것들을 모두 주셨습니다. 하나님은 에덴에 동산을 만드시고 사람을 그곳에 두어 동산을 돌보며 지키게 하셨습니다(창 2:8, 15). 그런 다음 사람에게 "선악을 알게 하는 나무의 열매는 먹지 말라"라고 명령하셨습니다. 그리고 명령을 어길 경우의 결과도 설명하셨습니다. "네가 먹는 날에는 반드시 죽으리라"(창 2:17).

그 후 하나님은 남자의 갈비뼈로 여자를 만드셨습니다. 여자는 남자의 돕는 배필이었습니다. 여자도 남자와 마찬가지로 하나님의 형상대로 창조되었습니다. 첫 남자 아담과 첫 여자 하와는 동산에서 살며 하나님과 우정을 나누었습니다.

우리는 아담과 하와가 하나님의 명령에 순종하지 않았고, 그들의 불순종으로 인해 죄가 세상에 들어온 것을 알고 있습니다. 그 이유 때문에 하나님이 자신의 아들 예수 그리스도를 보내셨습니다. 그분은 "보이지 아니하는 하나님의 형상"(골 1:15)이시고, 하나님의 본체의 형상을 그대로 보여 주는 분(히 1:3)이십니다. 성자 하나님은 완전히 사람이 되셔서, 그분 안에 있는 사람들에게 생명을 가져다주는 두 번째 아담의 역할을 하셨습니다(고전 15:45~49 참조).

●● 티칭 포인트

아이들에게 '하나님의 형상대로 창조되었다'라는 것은 '하나님을 닮게 만들어졌다', 또는 '하나님을 모방해서 만들어졌다'라는 뜻임을 잘 이해시켜 주십시오. 하나님은 육체가 없는 영이시기 때문에 우리 각자에게도 영혼을 주셨습니다. 또한 생각하고, 감정을 느끼고, 선택할 수 있는 능력과 옳고 그름을 분별할 수 있는 능력도 주셨습니다.

하나님은 다른 피조물들과는 다르게 사람을 만드셨다는 것을 강조해서 말해 주십시오. 하나님은 사람을 하나님의 형상대로 만드셨고(창 1:26), 이로써 하나님의 영광을 드러내셨습니다(사 43:7).

이야기 성경

하나님이 사람을 창조하셨어요

창 1:26~2:25

하나님이 세상을 창조하셨어요. 해도, 하늘도, 식물과 나무도, 온갖 동물도 모두 하나님이 만드셨어요. 하지만 하나님의 일은 아직 끝나지 않았어요. 하나님은 이제 가장 특별한 것을 만드실 거예요!

창조 여섯째 날, 하나님은 사람을 만드셨어요. 하나님은 땅에 있는 흙으로 사람을 만드셨어요. 사람에게 생명을 불어 넣으시고, 이름을 '아담'이라고 부르셨어요. 하나님은 사람을 다른 창조물들과는 다르게 만드셨어요. 하나님의 모습을 닮게 만드셨지요. 하나님은 에덴 동산을 만드셔서 아담을 그곳에 두셨어요. 하나님은 아담에게 동산을 잘 돌보고 지키라고 하셨어요.

하나님은 아담에게 나무 열매를 주셔서 먹게 하셨어요. 그 과일들은 참 보기에 좋았어요. 하나님은 아담에게 동산에 있는 각종 나무의 열매는 먹어도 된다고 말씀하셨어요. 하나만 빼고 말이에요! 동산 가운데에는 선과 악을 알게 하는 열매를 맺는 나무가 한 그루 있었어요. 하나님은 아담에게 이렇게 경고하셨어요. "저 나무의 열매는 먹지 말아라. 그것을 먹으면 너는 반드시 죽을 것이다."

하나님의 창조는 아직 끝나지 않았어요. 아담이 혼자 있는 것을 보신 하나님이 말씀하셨어요. "사람이 혼자 있는 것이 좋지 않구나." 하나님은 아담을 도와줄 짝을 만들어 주기로 결심하셨어요. 하나님은 아담에게 동물들을 데려오셨어요. 아담이 동물들에게 이름을 지어 주었지요. 하지만 그중 어떤 동물도 아담을 도와줄 짝이 되지 못했어요.

그래서 하나님은 아담을 깊이 잠들게 하시고, 그의 갈비뼈를 하나 떼어 여자를 만드셨어요. 아담은 잠에서 깨어 여자를 보고 매우 기뻐했어요! 여자는 아담의 완벽한 짝이었지요. 여자는 아담의 아내가 되었어요. 아담은 자기 아내를 '하와'라고 불렀어요.

하나님은 아담과 하와에게 좋은 것들을 주셨어요. 그들에게 모든 동물을 돌보는 일을 맡기셨고, 필요한 모든 것을 주셨어요. 하나님은 자신이 만든 것들을 둘러보셨어요. 모든 것이 보시기에 좋았어요! 하나님은 계획하셨던 것들을 다 만드셨어요. 그래서 창조 일곱째 날에는 쉬셨답니다.

●● 예수님 생각하기

하나님은 하나님의 모습을 닮은 사람을 만드셨어요. 아담은 어떤 면에서는 하나님을 닮았지만 하나님을 완벽하게 나타내지는 못했어요. 그래서 하나님은 하나님이 정확히 어떤 분인지 보여 주시기 위해서 자신의 아들 예수님을 보내 주셨어요(고전 1:15). 예수님이야말로 하나님을 완벽하게 나타내시는 분이에요. 왜냐하면 예수님이 바로 하나님이시기 때문이에요(히 1:3).

가스펠 준비

싱글벙글 환영해요

USB

"나의 창조주"(지도자용 팩)를 튼다. 아이들을 반갑게 맞이하며 헌금과 기도를 도와준다. 예배 중에 헌금 순서가 있다면 헌금을 잘 간수하도록 돕는다. 가방과 옷을 정리하도록 안내한다. 새로 온 아이에게는 음수대와 화장실의 위치를 알려 주고, 보호자와 만나는 시간과 방법 등을 소개한다. 보호자를 위한 안내문을 붙여 끝나는 시간, 기다리는 장소, 헌금 방법, 아이에 대한 특별한 주의 사항을 교사에게 미리 알려 달라는 당부 등을 공지한다.

너랑 나랑 마음 열기

아이들이 편안하고 친숙하게 하나님께 마음을 열고, 하나님을 알아 가도록 돕는 놀이 환경을 제공한다. 흥미를 유발할 수 있는 놀잇감으로 자유 놀이 영역을 구성한다. 단원별 공통 활동에 각 과의 주제와 연결된 활동 영역을 추가하여 아이들이 자유롭게 선택하게 한다. 충분히 활동할 수 있도록 20분 정도의 시간을 할애하는 것이 좋다.

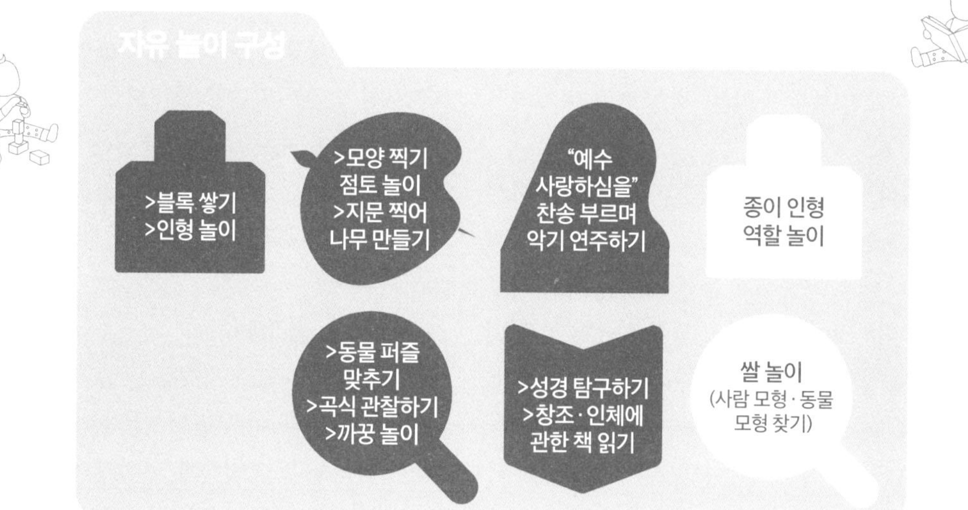

종이 인형 역할 놀이

USB

준비물 ▶ A4 용지, '종이 인형' 자료(지도자용 팩), 셀로판테이프, 가위, 깨끗이 씻어 말린 우유팩

❶ A4 용지에 '종이 인형' 자료(지도자용 팩)를 프린트해 가위로 오린다.

❷ 우유팩을 알맞은 크기로 자른 후 셀로판테이프를 이용해 ❶을 붙여 단단하게 만든다.

❸ 아이들과 종이 인형을 가지고 역할에 맞추어 대화를 나누며 놀이한다.

예) 엄마 : "아가야, 이리 오렴. 재미있게 놀자."

아가 : "응애응애~"

아빠 : "우리 아가, 하나님 안에서 쑥쑥 잘 자라는구나!"

인도자 **하나님이 모든 것을 만드셨어요.** 사람은 누가 만드셨나요? 하나님이 사람을 만드셨어요. 하나님은 사람을 사랑하세요.

쌀 놀이(사람 모형 · 동물 모형찾기)

준비물 ▶ 큰 플라스틱 정리함, 쌀, 사람 모형 · 동물 모형

❶ 플라스틱 정리함에 쌀을 절반 정도 넣고 사람 모형과 동물 모형 여러 개를 숨겨 둔다.

❷ 아이들을 ❶ 주변에 앉히고 그 안에 숨긴 사람 모형과 동물 모형을 찾아보라고 한다.

❸ 사람 모형과 동물 모형을 다 찾았으면, 이번에는 아이들에게 사람 모형과 동물 모형을 쌀로 덮어 숨겨 보라고 한다.

tip 아이들이 쌀을 먹거나 바닥에 쏟지 않도록 주의한다.

인도자 [쌀을 가리키며] 이것은 무엇일까요? 우리가 날마다 먹는 밥을 짓는 쌀이에요. 만져 보면 느낌이 어떠할까요? 같이 만져 볼까요? 어? 이 안에 무엇인가 숨겨져 있어요. 손으로 찾아내 볼까요? 만지작만지작 손을 움직여서 찾아보세요. ○○[사람 모형과 동물 모형]을 찾았네! 잘 찾았어요. 다른 동물(사람)도 있네요. 자, 또 찾아보아요. 선생님은 동글동글 동그라미를 그리며 찾아볼게요. 이제 다 찾았네요! 정말 잘했어요. 자, 이번에는 사람 모형과 동물 모형을 다시 쌀 속에 숨겨 줄까요? "꼭꼭 숨어라. 머리카락 보일라! 꼭꼭 숨어라. 옷자락이 보일라!" 꼭꼭 숨겼나요? 이제 선생님이 찾아볼게요. **하나님이 모든 것을 만드셨어요.** 하나님이 이 사람(동물)을 만드셨어요.

가스펠 설교 대형으로 모이기

- 카운트다운 영상, 모이기 노래 등을 활용해 설교 대형으로 바꾸고 마음을 준비하게 한다.

가스펠 설교

하나 — 성경 이야기

• 비밀 상자 만져 보기 : 빈 갑 티슈 상자 안에 남자 인형과 여자 인형을 넣어 둔다. 아이들에게 상자 안에 손을 넣어 만져 보게 하고 무엇인지 물어본다. 꺼내서 확인해 준다. 남자 인형과 여자 인형을 이용해 성경 이야기를 들려준다.

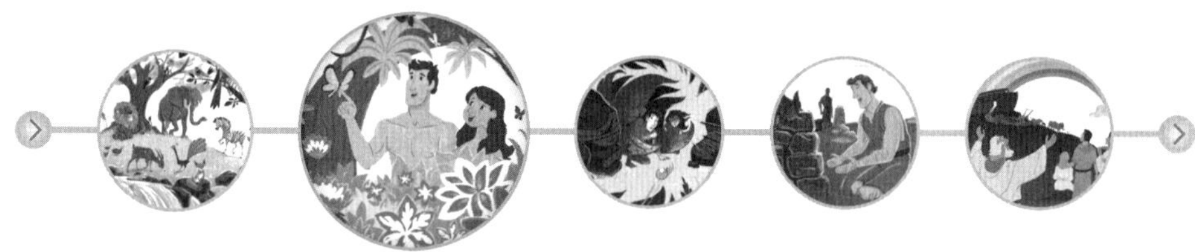

USB

아이들에게 성경을 나눠 주고 펼치게 한다. 제목을 말하고, 성경 본문의 핵심 부분을 읽어 준다. 말씀 듣기 시간을 알려 주는 찬양을 부른 후 성경 이야기를 읽어 주거나 설교 영상(지도자용 팩)을 보여 준다.

창조 여섯째 날, 하나님은 사람을 만드셨어요. 하나님은 흙으로 남자를 만드셨어요. 그 남자의 이름은 아담이에요. 하나님은 아담에게 생명을 불어넣으셨어요. 하나님은 아담이 살 동산도 만들어 주셨어요. 아담은 동산과 동물들을 돌봤어요. 하지만 혼자였지요. 하나님은 아담이 잠들게 하셨어요. 그러고는 아담의 갈비뼈를 하나 떼어 그것으로 여자를 만드셨어요. 여자는 아담의 아내가 되었어요. 아담은 아내를 하와라고 불렀어요. 하나님이 만드신 사람은 하나님을 닮았어요. 하나님이 만드신 것들은 다 좋았어요! 창조 일곱째 날, 하나님은 쉬셨어요.

둘 — 가스펠 포인트

하나님이 사람을 만드셨어요. 하나님은 사람을 사랑하세요.
하나님이 만드신 사람은 하나님을 닮았어요.
하나님이 모든 것을 다스리세요.

"좋으신 하나님"의 곡에 맞춰 다음 가사로 노래를 부르며 메시지를 정리한다.

♪

창조주 하나님
창조주 하나님

사람 – 을
창조하셨네.

tip 가사 중에서 '사람을' 자리에 아이들 각각의 이름을 넣어서 불러도 좋다.

하나님이 사람을 만드셨어요. 우리도 하나님이 만드셨어요! **하나님이 모든 것을 만드셨어요.**

셋 — 복음 초청

성경과 복음 초청 가이드(155쪽)를 이용해서 아이들에게 그리스도를 소개한다.

예수님을 믿고 싶은 친구는 함께 기도해요.

넷 — 기도

사람을 만드신 하나님은 멋지세요. 예수님 이름으로 기도합니다. 아멘.

다섯 — 암송송

1단원 암송송(156쪽)을 손유희와 함께 부르거나, 일부 구절 또는 간단하게 줄인 문장을 활용할 수 있다.

"그러나 우리에게는 한 하나님 곧 아버지가 계시니 만물이 그에게서 났고 우리도 그를 위하여 있고 또한 한 주 예수 그리스도께서 계시니 만물이 그로 말미암고 우리도 그로 말미암아 있느니라"(고전 8:6).

"하나님은 한 분이세요."

알콩달콩 — 소그룹

하나님이 사람을 만드셨어요

준비물 ▶ 영유아부 교재 6쪽, 41쪽 '눈, 코, 입, 귀' 스티커

❶ 손가락으로 영유아부 교재 41쪽 '눈, 코, 입, 귀' 스티커를 하나하나 짚어 보며 무엇인지 이야기를 나눈다.

❷ 그림 속 친구들의 얼굴에서 빠진 부분을 찾고 알맞은 스티커를 찾아 붙일 수 있도록 돕는다.

인도자 하나님이 사람을 만드셨어요. 하나님은 우리를 만드실 때 하나님을 닮게 아주 특별하게 만드셨어요. 하나님은 우리를 사랑하세요! **하나님이 모든 것을 만드셨어요.** 하나님이 모든 것을 다스리세요. 하나님이 우리를 다스리세요.

지점토로 얼굴을 만들어요

준비물 ▶ 흰색 지점토, 플라스틱 병뚜껑

❶ 아이들에게 흰색 지점토를 보여 주고 지점토를 입에 대지 않도록 조심하라고 말한다.

❷ 지점토를 한 덩이씩 나누어 주고 두 손으로 만져 보도록 한다.

❸ 플라스틱 병뚜껑을 이용해 지점토를 눌러 보거나 찍어 보도록 한다.

❹ 손가락으로 지점토를 꾹꾹 눌러 보도록 한다.

❺ 손가락으로 지점토를 눌러서 눈, 코, 입을 만들어 보게 한다.

인도자 하나님은 사람을 만드셨어요. **하나님이 모든 것을 만드셨어요.** 하나님이 만드신 사람은 하나님을 닮았어요. 하나님은 우리를 사랑하세요.

영차, 영차 — 대그룹

하나님이 우리를 만드셨어요

준비물 ▶ 탱탱볼

❶ 아이들과 동그랗게 앉는다.

❷ 교사가 한 아이의 이름을 부르면서 그 아이가 받을 수 있도록 공을 굴려 보낸다.

❸ 공을 받은 아이는 다시 공을 교사에게 굴려 보내도 되고, 친구에게 굴려도 된다는 게임의 규칙을 설명해 준다.

❹ 공을 잡아서 굴리는 아이의 이름을 부르며 축복한다.

tip 공을 굴리기가 어려운 아이의 경우 친구의 이름을 부르고 옆으로 공을 전달하게 해도 좋다.

인도자 하나님이 ○○○[공을 잡아서 굴리는 아이의 이름]을 만드셨어요! 하나님은 ○○○을 사랑하세요! **하나님이 모든 것을 만드셨어요.** 그리고 이 모든 것을 다스리세요.

간식

준비물 ▶ 아기 과자, 뻥튀기, 접시

❶ 아이들에게 주변을 정리하게 하고, 화장실에 가거나 물티슈 등을 이용해 손을 씻을 시간을 준다.

❷ 감사 기도를 드리고 뻥튀기와 아기 과자를 나누어 준다. 뻥튀기 위에 과자를 이용해 눈, 코, 입을 꾸며 보도록 지도한다.

❸ 간식을 먹으며, "우리는 하나님이 만드셨어요"라고 이야기한다.

마무리

준비물 ▶ 영유아부 교재 5쪽 활동지, 35쪽 메시지 카드, 43쪽 '이야기 성경' 스티커

❶ 활동지와 스티커, 메시지 카드를 나누어 주고 가족과 함께 오늘 배운 성경 이야기를 기억하라고 격려하며 가방을 정리해 준다.

가족과 활동해요

- '이야기 성경' 스티커를 붙이며 말씀을 기억해요.
- 가족 한 사람, 한 사람이 왜 특별한지 서로 이야기해 주는 시간을 가져 보세요.
- 우리 가족을 특별하게 만들어 주신 하나님께 감사 기도를 드리세요.
- 간식 먹을 때나 식사할 때 "○○○은 하나님이 사랑하시는 아들(딸)!"이라고 말해 주세요.

❷ 축복과 파송의 메시지를 담은 찬양을 부르며 인사한다.

❸ 아이를 데리러 온 보호자에게 아이가 특별히 즐거워했거나 잘했던 활동들에 대해 이야기해 주고, 가정에서 활동지와 스티커, 메시지 카드를 활용해 말씀을 들려주도록 격려한다.

가스펠 포인트

하나님은 사람이 선택을 할 수 있도록 만드셨어요.
아담과 하와가 하나님이 정해 주신 규칙(명령)을 어겼어요.
하나님은 우리가 잘못된 선택을 할 때도 우리를 사랑하세요.
하나님은 우리를 사랑하셔서 예수님을 보내셨어요.

단원 주제

하나님이 모든 것을 만드셨어요.

단원 암송

하나님은 한 분이세요(고전 8:6).

본문 속으로

아담과 하와는 에덴동산의 모든 좋은 것을 누렸습니다. 하나님은 그들에게 단 한 가지만 금하셨습니다. "선악을 알게 하는 나무의 열매는 먹지 말라." 그에 대한 처벌은 가혹했습니다. "네가 먹는 날에는 반드시 죽으리라."

타락하기 전 아담과 하와는 하나님과 서로 사랑하는, 상호적인 관계를 나누었습니다. 에덴동산은 진정한 낙원이었습니다. 하나님은 사람들이 마음껏 누리고 하나님께 감사드릴 수 있도록(바로 이것이 하나님께 영광을 돌리는 것입니다) 온갖 좋은 선물로 동산을 채우셨습니다. 그러나 아담과 하와가 뱀의 유혹에 넘어가면서 모든 것이 변했습니다. 하와는 사람들을 죄에 빠뜨리는 거짓말에 속았습니다. 그것은 바로 '하나님이 내게 무엇인가를 숨기고 계신다'라는 거짓말입니다.

아담과 하와는 더 많은 것을 갈망했습니다. 그것은 열매가 준다는 지혜였습니다. 하지만 눈이 밝아졌을 때 그들이 깨달은 것은 자신들의 벌거벗음이었고 부끄러움이었습니다. 하나님의 마음은 그들의 불순종과 반역으로 인해 찢어졌습니다. 아담과 하와의 죄 때문에 하나님은 그들을 동산에서 쫓아내셨습니다. 죄의 결과는 즉각적이고 영원한 것이었습니다. 아담과 하와의 삶과 그 자녀들의 삶, 그리고 나아가 모든 인류의 삶이 그들의 선택으로 인해 영향을 받게 되었습니다.

그러나 하나님은 아담과 하와를 소망 없이 내버려 두지 않으셨습니다. 하나님은 하와의 후손이 뱀의 머리를 상하게 할 것이라고 약속하셨습니다(창 3:15). 하와 이후의 모든 세대는 자신의 자녀들 중 하나가 바로 그 약속된 자이기를 소망했습니다. 뱀의 머리를 상하게 하고 피조물들에게 내려진 저주를 종결지을 바로 그 사람 말입니다.

죄는 특단의 해결책이 필요한 큰 문제입니다. 약속된 시기에 하나님은 하나님의 아들을 세상에 보내셔서 아기로 태어나게 하셨습니다. 마태복음 1장 21절은 "아들을 낳으리니 이름을 예수라 하라 이는 그가 자기 백성을 그들의 죄에서 구원할 자이심이라"라고 말합니다.

●● 티칭 포인트

아이들에게 '사람은 태어날 때부터 죄인'이라는 슬픈 소식을 전해 주십시오. 하지만 우리가 죄인이라는 것을 점점 깨달아 갈수록 복음이 우리에게 얼마나 큰 기쁨이 되는지도 더불어 가르쳐 주십시오. "그리스도 예수께서 죄인을 구원하시려고 세상에 임하셨다"(딤전 1:15).

이야기 성경

죄가 세상에 들어왔어요

창 3:1~24

하나님이 처음 창조하신 사람인 아담과 하와는 아름다운 동산에 살았어요. 하나님은 그들에게 한 가지 규칙을 주셨어요. "동산에 있는 각종 나무의 열매는 마음껏 먹거라. 그러나 선과 악을 알게 하는 나무의 열매만은 먹지 말라. 만약 먹으면 네가 반드시 죽을 것이다."

땅의 동물들 중에서 뱀이 가장 교활했어요. 어느 날 뱀이 하와에게 물었어요. "하나님이 정말 동산에 있는 모든 나무의 열매를 먹지 말라고 말씀하셨니?" 뱀은 아담과 하와가 한 나무의 열매만 빼고 다 먹을 수 있다는 것을 알면서도 하와를 속이려고 물어봤어요.

하와는 이렇게 대답했어요. "아니야, 우리는 동산에 있는 나무의 열매를 먹을 수 있어. 하나님은 한 가지 규칙만 말씀하셨어. 동산 한가운데 있는 나무의 열매는 먹지 말라고 하셨지. 그 열매를 먹거나 만지면 죽을 거라고 말씀하셨어." 뱀이 말했어요. "아니야! 너희는 절대 죽지 않아. 그 열매를 먹으면 하나님처럼 될 거야. 선과 악을 알게 될 거라고."

하와는 하나님이 먹지 말라고 하신 열매를 쳐다보았어요. 정말 맛있어 보였지요. 뱀의 말처럼 지혜를 줄 것 같기도 했어요. 하와는 열매를 따 먹었어요. 함께 있는 아담에게도 주었고, 아담도 그 열매를 먹었지요. 그러자 그들의 눈이 밝아졌어요. 그들은 자신들이 벌거벗고 있다는 사실을 알게 되었어요. 그들은 무화과나무 잎을 엮어 옷을 만들어 입었어요.

그날 저녁, 아담과 하와는 하나님이 동산을 거니시는 소리를 들었어요. 그들은 나무 사이에 숨었어요. 하나님이 아담을 부르셨어요. "아담아, 어디 있느냐?" 아담은 "벌거벗은 것이 두려워서 숨었습니다"라고 대답했어요. 하나님이 아담에게 물으셨어요. "네가 벌거벗었다고 누가 말해 주었느냐? 내가 먹지 말라고 한 열매를 먹었느냐?" 그러자 아담은 "하와가 열매를 주어서 먹었습니다"라고 대답했어요. 하와는 "뱀이 저를 속였습니다"라고 대답했지요.

아담과 하와는 하나님께 불순종했어요. 이것을 '죄'라고 불러요. 하나님은 그들의 죄 때문에 나쁜 일들이 일어날 것이라고 말씀하셨어요. 삶이 고통스러워질 것이고, 일은 힘들어질 것이라고요. 하나님은 뱀에게 배로 기어 다니며 사람들의 원수가 될 것이라고 말씀하셨어요. 하지만 하나님은 누군가가 하와의 자손으로 태어나 뱀을 없앨 것이라고 약속하셨어요.

아담과 하와가 죄를 지은 뒤 모든 것이 달라졌어요. 사람은 이제 예전처럼 하나님과 가까운 사이가 아니었어요. 하나님은 아담과 하와에게 동물의 가죽으로 옷을 만들어 입히신 다음 동산 밖으로 쫓아내셨어요. 그리고 동산 동쪽에 천사들과 불칼을 두어 생명나무로 가는 길을 지키게 하셨어요.

●● 예수님 생각하기

아담과 하와 이후에 태어난 사람들은 모두 죄

를 지었어요. 죄는 하나님과 멀어지게 해요. 하지만 하나님을 우리에게서 멀리 떨어뜨려 놓지는 못하지요. 하나님은 여전히 우리를 사랑하세요. 그래서 누군가가 하와의 자손으로 태어나서 우리의 죄를 없애 줄 것이라고 약속하셨어요. 하나님은 예수님을 이 땅에 보내셔서 사람들을 죄에서 구원하시고 하나님께로 돌아오게 만드셨어요.

가스펠 준비

싱글벙글 환영해요

USB

"나의 창조주"(지도자용 팩)를 튼다. 아이들을 반갑게 맞이하며 헌금과 기도를 도와준다. 예배 중에 헌금 순서가 있다면 헌금을 잘 간수하도록 돕는다. 가방과 옷을 정리하도록 안내한다. 새로 온 아이에게는 음수대와 화장실의 위치를 알려 주고, 보호자와 만나는 시간과 방법 등을 소개한다. 보호자를 위한 안내문을 붙여 끝나는 시간, 기다리는 장소, 헌금 방법, 아이에 대한 특별한 주의 사항을 교사에게 미리 알려 달라는 당부 등을 공지한다.

너랑 나랑 마음 열기

아이들이 편안하고 친숙하게 하나님께 마음을 열고, 하나님을 알아 가도록 돕는 놀이 환경을 제공한다. 흥미를 유발할 수 있는 놀잇감으로 자유 놀이 영역을 구성한다. 단원별 공통 활동에 각 과의 주제와 연결된 활동 영역을 추가하여 아이들이 자유롭게 선택하게 한다. 충분히 활동할 수 있도록 20분 정도의 시간을 할애하는 것이 좋다.

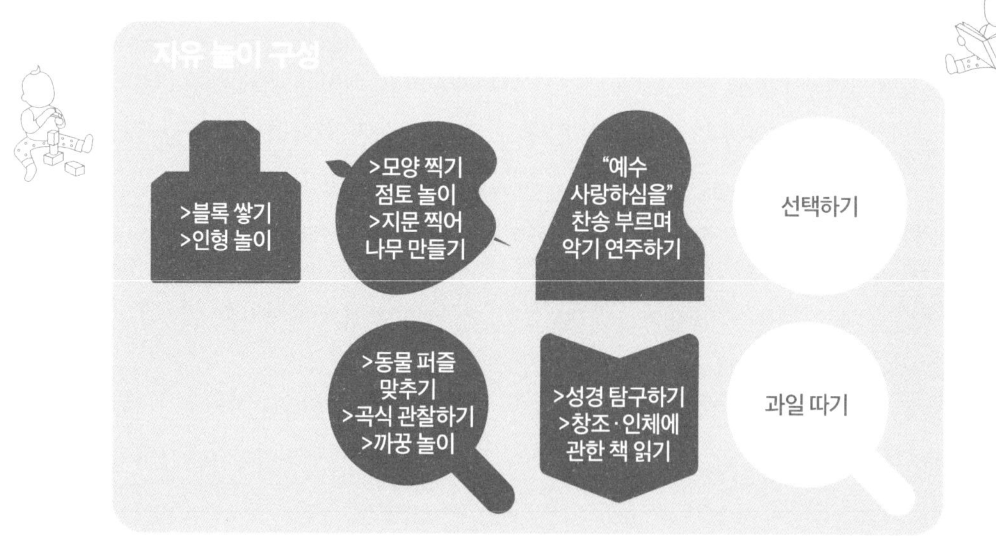

선택하기

준비물 ▶ 2가지 색깔의 양동이, 콩 주머니들

❶ 예배실 바닥에 2가지 색깔의 양동이를 놓아 둔다.
❷ 아이들에게 양동이 가운데 하나를 선택하라고 한다.
❸ 자기가 선택한 양동이에 콩 주머니를 던져 넣으라고 한다.

tip 아이들이 콩 주머니를 던질 수 있는 거리로 양동이 위치를 적절히 조절한다. 던져 넣는 것이 힘든 아이는 양동이까지 걸어가서 넣게 한다.

인도자 어떤 색깔의 양동이에 콩 주머니를 넣고 싶어요? △△색 양동이를 골랐네요. 콩 주머니를 던져서 넣어 볼까요? 쏙 들어갔네요. 잘했어요. **하나님이 모든 것을 만드셨어요.** 하나님은 사람이 선택을 할 수 있도록 만드셨어요. ○○○[아이의 이름]은 콩 주머니를 △△색 양동이에 넣었어요. ○○○은 양동이를 잘 선택했네요.

과일 따기

준비물 ▶ 벨크로 테이프의 거친 면, 가위, 흰색 전지, 셀로판테이프, 사인펜, 도톰한 폼폼이(솜 공)

❶ 예배실 한쪽 벽에 아이들 키에 맞추어 셀로판테이프를 이용해 흰색 전지를 붙인 다음 간단하게 나무 모양을 그려 둔다.
❷ 나뭇가지 부분에 벨크로 테이프의 거친 면을 붙이고 도톰한 폼폼이를 붙여 '열매'를 표현한다.
❸ 아이들에게 '열매'를 따 보라고 한다.
❹ 아이들과 함께 '열매'를 붙이고 따는 활동을 반복한다.

tip 벨크로 테이프의 거친 면에 긁혀 아이들의 얼굴이나 손에 상처가 나지 않도록 주의한다.

인도자 하나님이 만드신 나무에 맛있는 열매가 열렸어요. 열매를 붙여 볼까요? 이번에는 맛있는 열매를 같이 따 보아요. 이 열매는 정말 맛있겠어요. 냠냠냠! **하나님이 모든 것을 만드셨어요.** 하나님은 아담과 하와에게 필요한 것을 모두 주셨어요. 그중에는 하나님이 아담과 하와에게 먹지 말라고 하신 나무도 있었어요.

• 카운트다운 영상, 모이기 노래 등을 활용해 설교 대형으로 바꾸고 마음을 준비하게 한다.

가스펠 설교

하나 — 성경 이야기

• 과일 보며 이야기하기 : 과일이나 장난감 과일, 과일 그림 자료 등을 준비해 아이들에게 보여 주면서 성경 이야기를 들려준다.

USB

아이들에게 성경을 나눠 주고 펼치게 한다. 제목을 말하고, 성경 본문의 핵심 부분을 읽어 준다. 말씀 듣기 시간을 알려 주는 찬양을 부른 후 성경 이야기를 읽어 주거나 설교 영상(지도자용 팩)을 보여 준다.

아담과 하와는 하나님이 만드신 동산에서 살았어요. 하나님은 아담과 하와에게 한 가지 규칙(명령)을 주셨어요. 어떤 나무의 열매만은 먹지 말라고 하셨지요. 어느 날, 뱀이 하와를 속였어요. 그래서 아담과 하와는 하나님이 먹지 말라고 하신 열매를 먹고 말았어요. 하나님이 주신 규칙을 어긴 거예요. 아담과 하와는 하나님을 피해 숨었어요. 하지만 하나님은 다 알고 계셨어요. 아담과 하와는 벌을 받았어요. 하나님께 순종하지 않았기 때문이에요. 이것을 '죄'라고 해요. 하나님은 그들을 동산 밖으로 쫓아내셨어요. 그래도 하나님은 여전히 아담과 하와를 사랑하셨어요. 하나님은 하나님의 아들이신 예수님을 보내셔서 사람들을 구원하실 거예요.

둘 — 가스펠 포인트

하나님은 사람이 선택을 할 수 있도록 만드셨어요.
아담과 하와가 하나님이 정해 주신 규칙(명령)을 어겼어요.
하나님은 우리가 잘못된 선택을 할 때도 우리를 사랑하세요.
하나님은 우리를 사랑하셔서 예수님을 보내셨어요.

"좋으신 하나님"의 곡에 맞춰 다음 가사로 노래를 부르며 메시지를 정리한다.

♪

예수님을 보내 주신
예수님을 보내 주신

참 좋으신
나의 하나님.

하나님이 모든 것을 만드셨어요. 하나님은 사람을 사랑하세요. 하나님은 우리를 사랑하셔서 예수님을 보내셨어요.

셋 — 복음 초청

성경과 복음 초청 가이드(155쪽)를 이용해서 아이들에게 그리스도를 소개한다.

예수님을 믿고 싶은 친구는 함께 기도해요.

넷 — 기도

하나님, 우리를 사랑하셔서 예수님을 보내 주셔서 감사해요. 예수님 이름으로 기도합니다. 아멘.

다섯 — 암송송

1단원 암송송(156쪽)을 손유희와 함께 부르거나, 일부 구절 또는 간단하게 줄인 문장을 활용할 수 있다.

"그러나 우리에게는 한 하나님 곧 아버지가 계시니 만물이 그에게서 났고 우리도 그를 위하여 있고 또한 한 주 예수 그리스도께서 계시니 만물이 그로 말미암고 우리도 그로 말미암아 있느니라"(고전 8:6).

"하나님은 한 분이세요."

가스펠 활동

알콩달콩 — 소그룹

아담과 하와를 찾아요

준비물 ▶ 영유아부 교재 8쪽, 41쪽 '하트' 스티커, 색종이, 가위, 159쪽 '나뭇잎' 모양

❶ 가위를 이용해 색종이를 159쪽 '나뭇잎' 모양으로 오려 둔다.

❷ 그림을 보면서 어떤 동물이 있는지, 누가 있는지, 무엇이 있는지 이야기를 나눈다.

❸ ❶의 '나뭇잎'으로 아담과 하와를 가리고 아담과 하와가 숨었다고 말하고, 그 이유에 관해 이야기를 나눈다.

❹ "아담은 어디 있나요?", "하와는 어디 있나요?"라고 아이들에게 묻는다.

❺ 아이들이 아담과 하와를 찾으면 영유아부 교재 41쪽 '하트' 스티커를 붙이며 "잘못할 때도 하나님은 우리를 사랑하세요"라고 따라하게 한다.

인도자 **하나님이 모든 것을 만드셨어요.** 하나님이 모든 것을 다스리세요. 사람도요. 사람은 하나님이 주신 규칙(명령)을 따라 살아야 했어요. 하나님이 만드신 사람은 하나님을 닮았어요. 하나님은 사람이 선택을 할 수 있도록 만드셨어요. 그런데 아담과 하와는 하나님의 규칙을 따르지 않고, 잘못된 선택을 했어요. 아담과 하와는 하나님을 피해 숨었지요. 하지만 하나님은 우리가 잘못된 선택을 할 때도 우리를 여전히 사랑하세요. 그래서 우리를 위해 예수님을 보내 주셨어요.

USB

숲에서 아담과 하와를 찾아요

준비물 ▶ 숲(공원)을 표현한 그림이나 사진이 담긴 책, '아담과 하와' 그림(지도자용 팩)

❶ 아이들에게 숲을 표현한 그림이나 사진이 담긴 책을 보여 주고 천천히 살펴볼 수 있도록 한다.

❷ 아담과 하와가 살았던 에덴동산은 아름다운 동산이었다는 것을 이야기해 준다.

❸ 책 속에 '아담과 하와' 그림(지도자용 팩)을 숨겨 놓고 아이들에게 찾아보라고 한다.

인도자 **하나님이 모든 것을 만드셨어요.** 아담과 하와는 하나님이 만드신 아름다운 동산에서 살았어요. 하지만 잘못된 선택을 한 뒤에 아름다운 동산을 떠나야 했지요. 하나님은 우리가 잘못된 선택을 할 때도 우리를 사랑하세요. 하나님은 우리를 위해 예수님을 보내 주셨어요.

영차, 영차 — **대그룹**

나 따라 해 봐요

❶ 아이들과 마주 보고 선다.

❷ 교사가 제자리에서 할 수 있는 간단한 동작을 하면 따라 해 보라고 한다.
예) 손뼉 치기, 손 흔들기, 깡충깡충 뛰기 등.

❸ 교사가 하는 동작을 따라 하는 데 익숙해지면 움직이는 동작을 추가해 본다.
예) 기어가기, 예배실 한 바퀴 돌기, 책상 위 물건 가져오기 등.

tip 연령대가 어린 아이들의 경우 제자리에서 할 수 있는 간단한 동작만 하는 것이 좋다.

인도자 **하나님이 모든 것을 만드셨어요.** 하나님은 하나님을 사랑하고 하나님께 순종하게 하려고 사람을 만드셨어요. 선생님이 한 동작을 따라했을 때 여러분은 선생님에게 순종한 거예요. 정말 잘했어요. 고마워요.

소곤소곤 꿀~꺽 간식

준비물 ▶ 과일 조각, 포크, 접시

❶ 아이들에게 주변을 정리하게 하고, 화장실에 가거나 물티슈 등을 이용해 손을 씻을 시간을 준다.

❷ 감사 기도를 드리고 과일 조각을 나누어 준다. 간식을 먹으며, "하나님은 우리가 잘못된 선택을 할 때도 우리를 사랑하세요. 하나님은 우리를 사랑하셔서 예수님을 보내셨어요"라고 이야기한다.

신나는 마무리

준비물 ▶ 영유아부 교재 7쪽 활동지, 35쪽 메시지 카드, 43쪽 '이야기 성경' 스티커

❶ 활동지와 스티커, 메시지 카드를 나누어 주고 가족과 함께 오늘 배운 성경 이야기를 기억하라고 격려하며 가방을 정리해 준다.

가족과 활동해요

- '이야기 성경' 스티커를 붙이며 말씀을 기억해요.
- 성경에서 '죄'가 세상에 들어온 부분을 읽고, '죄'가 무엇인지 알아보세요.
- 가족이 무엇을 결정할 때마다 "하나님, 어떻게 할까요?"라고 물어보세요.

❷ 축복과 파송의 메시지를 담은 찬양을 부르며 인사한다.

❸ 아이를 데리러 온 보호자에게 아이가 특별히 즐거워했거나 잘했던 활동들에 대해 이야기해 주고, 가정에서 활동지와 스티커, 메시지 카드를 활용해 말씀을 들려주도록 격려한다.

4

가인과 아벨이 제물을 드렸어요

[창 4:1~16, 25~26]

가스펠 포인트

하나님이 모든 것을 만드셨어요. 가족도 하나님이 만드셨어요.
아담과 하와의 가족은 하나님께 순종하지 않았어요.
하나님은 우리를 사랑하셔서 예수님을 보내셨어요.

단원 주제

하나님이 모든 것을 만드셨어요.

단원 암송

하나님은 한 분이세요(고전 8:6).

본문 속으로

아담과 하와에게 자녀들이 생겼을 때의 기쁨을 상상해 보십시오. 한 명, 한 명 태어날 때마다 하와는 그 아이가 죄의 저주를 끊고 뱀의 머리를 상하게 할 구원자이기를 바랐을지도 모릅니다(창 3:15). 하지만 가인과 아벨이 자라 가면서 아마도 아담과 하와는 죄가 자기 자녀들에게 미친 영향을 탄식 속에서 목도했을 것입니다. 가인은 약속된 구원자가 아니었고, 아벨도 마찬가지였습니다.

가인과 아벨은 장성하자 각각 직업을 가졌습니다. 아벨은 목자가 되어 양 떼를 돌보았고, 가인은 농부가 되어 농사를 지었습니다. 어느 날 그들은 각자 하나님께 제물을 바쳤습니다. 하나님은 아벨의 제물은 받으셨지만, 가인의 제물은 받지 않으셨습니다. 하나님은 가인에게 죄에 대해 경고하시면서, 하나님이 받으시는 제사를 드리려면 어떻게 해야 하는지를 말씀해 주셨습니다.

그 후 가인과 아벨은 들판으로 나갔고, 가인은 아벨을 죽였습니다. 하나님은 가인이 한 짓을 아시고는 그에게 벌을 내리셨습니다. 하나님은 가인이 그 땅을 떠나 세상을 떠도는 자가 되게 하셨습니다. 가인의 죄가 그를 하나님과 사람들로부터 갈라놓았습니다.

얼마 후 하와는 다시 아들을 낳았고, 이름을 셋이라고 지었습니다. 셋도 약속된 구원자는 아니었지만, 예수님은 장차 셋의 자손으로 오시게 됩니다(눅 3:23~38).

●● 티칭 포인트

아이들을 가르칠 때 죄의 영향이 얼마나 깊은지 깨달을 수 있도록 도와주십시오. 그런 다음, 예수 그리스도 안에 있는 장래에 대한 소망도 함께 강조해 주십시오. 한 세대, 한 세대가 지나갈 때마다 사람들은 이 소망에 기대어 살았습니다. '혹시 이 아이가 구원자일까?' 그리고 그때마다 그들은 죄의 실상을 목도했습니다. 아무도 그들을 구원할 만큼 선하지 않았던 것입니다.

모든 아기는 그들의 부모나 아담과 하와와 마찬가지로 죄인으로 태어났습니다. 그러나 여전히 사람들은 소망했습니다. 때가 되면 하나님이 죄인들을 구원하기 위해 구원자를 보내실 것이라고 말입니다(히 11:13; 갈 4:4). 하나님은 언제나 약속을 지키는 분이시기 때문입니다.

이야기 성경

가인과 아벨이 제물을 드렸어요

창 4:1~16, 25~26

아담과 하와는 에덴동산을 떠나 아이를 낳았어요. 첫째 아들의 이름은 가인이고, 둘째 아들의 이름은 아벨이에요. 아담과 하와가 죄를 지었기 때문에 아이들도 죄인이었어요. 아벨은 자라서 양을 치는 목자가 되었고, 가인은 자라서 농사를 짓는 농부가 되었어요.

어느 날 가인이 하나님께 제사를 드렸어요. 그는 자신이 농사지은 것을 하나님께 제물로 드렸어요. 아벨도 제사를 드렸어요. 그는 자신이 키우는 양들 중 처음 태어난 새끼 양을 하나님께 드렸어요. 하나님은 아벨의 제물은 받으셨지만, 가인의 제물은 받지 않으셨어요.

가인은 화가 났어요! 하나님은 가인에게 물으셨어요. "왜 화가 났느냐? 네가 옳은 일을 했다면 왜 얼굴을 펴지 못하느냐?" 하나님은 가인에게 죄를 조심하라고 경고하셨어요. "올바르게 행하지 않으면 죄가 문 앞에 엎드리고 있을 것이다. 죄가 너를 마음대로 움직이려고 하는구나. 하지만 너는 죄를 다스려야 한다."

그 후 가인은 아벨에게 들판으로 가자고 말했어요. 들판에 단 둘이 있을 때 가인은 자기 동생을 죽게 했어요. 하나님이 가인에게 물으셨어요. "네 동생 아벨이 어디 있느냐?" 그러자 가인은 "모릅니다. 제가 동생을 지키는 사람이라도 됩니까?"라고 대답했어요. 하지만 하나님은 모든 것을 아세요. 가인이 한 일도 다 알고 계셨지요. 하나님은 가인에게 말씀하셨어요. "도대체 무슨 짓을 저질렀느냐?"

하나님은 가인에게 벌을 주셨어요. 이제 집이 없을 것이며, 남은 평생 동안 세상을 떠돌아다니게 될 것이라고 하셨지요. 쉴 곳도 찾지 못하고, 농사를 지으려고 해도 아무것도 자라지 않을 것이라고 말씀하셨어요.

가인은 "이 벌은 제게 너무 무겁습니다! 제가 이곳을 떠나 세상을 떠돌아다니면 저를 만나는 사람마다 저를 죽게 하려고 할 것입니다"라고 대답했어요. 그래서 하나님은 아무도 가인을 해치지 못하도록 지켜 주시기 위해 그에게 어떤 표시를 주셨어요. 가인은 그 땅을 떠나 놋이라는 곳에 가서 살았어요.

하나님은 아담과 하와에게 아들을 한 명 더 주셨어요. 그 아이의 이름은 셋이에요. 아담과 하와의 가족은 점점 늘어났어요. 셋은 자라서 에노스라는 아들을 낳았어요. 이때부터 사람들은 여호와의 이름을 부르기 시작했어요.

●● 예수님 생각하기

하나님은 누군가가 하와의 자손으로 태어나 죄를 없애 버릴 것이라고 말씀하셨어요. 가인은 그 사람이 아니었어요. 가인도 아담과 하와처럼 죄인일 뿐이었지요. 그래서 사람들은 하나님이 약속을 지키실 때를 기다리며 살았어요. 때가 되면 하나님이 아들이신 예수님을 보내 죄인들을 구원하실 거예요.

가스펠 준비

싱글벙글 — 환영해요

USB

"나의 창조주"(지도자용 팩)를 튼다. 아이들을 반갑게 맞이하며 헌금과 기도를 도와준다. 예배 중에 헌금 순서가 있다면 헌금을 잘 간수하도록 돕는다. 가방과 옷을 정리하도록 안내한다. 새로 온 아이에게는 음수대와 화장실의 위치를 알려 주고, 보호자와 만나는 시간과 방법 등을 소개한다. 보호자를 위한 안내문을 붙여 끝나는 시간, 기다리는 장소, 헌금 방법, 아이에 대한 특별한 주의 사항을 교사에게 미리 알려 달라는 당부 등을 공지한다.

너랑 나랑 — 마음 열기

아이들이 편안하고 친숙하게 하나님께 마음을 열고, 하나님을 알아 가도록 돕는 놀이 환경을 제공한다. 흥미를 유발할 수 있는 놀잇감으로 자유 놀이 영역을 구성한다. 단원별 공통 활동에 각 과의 주제와 연결된 활동 영역을 추가하여 아이들이 자유롭게 선택하게 한다. 충분히 활동할 수 있도록 20분 정도의 시간을 할애하는 것이 좋다.

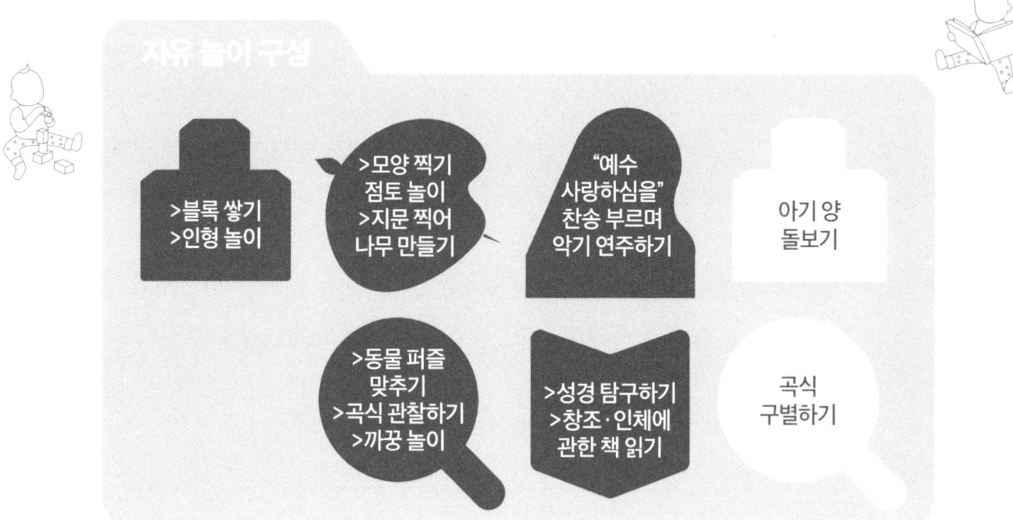

아기 양 돌보기

준비물 ▶ 아기 양 인형, 머리빗

❶ 아기 양 인형을 보여 주면서 잘 돌보아 주자고 이야기한다.

❷ 아이들에게 아기 양 인형을 쓰다듬으며 부드러운 촉감을 느껴 보게 한다.

❸ 머리빗을 이용해 아기 양 인형의 털을 빗어 볼 수 있도록 지도한다.

인도자 보들보들 아기 양 인형이에요. 만져 볼까요? 기분이 어때요? 부드럽지요. **하나님이**

모든 것을 만드셨어요. 아벨은 양을 돌보았어요. 양의 털도 벗어 주고, 먹이도 찾아 주었어요. 하나님이 만드신 양을 돌보는 일을 했지요.

곡식 구별하기

준비물 ▶ 다양한 곡식(옥수수 알, 콩, 쌀, 보리, 조, 귀리 등), 투명 페트병, 글루건

❶ 투명 페트병에 물기가 남지 않도록 잘 씻어 말린다.

❷ 페트병에 곡식을 3분의 1가량 넣고 뚜껑이 열리지 않도록 글루건으로 단단히 붙인다.

❸ 아이들에게 곡식을 하나하나 잘 관찰해 보자고 한다. 통을 흔들어서 소리도 들어 볼 수 있도록 지도한다.

❹ 아이들이 곡식을 구별할 수 있도록 곡식의 이름을 여러 번 말해 준다.

인도자 이것은 무엇일까요? 우리가 밥을 지어 먹는 쌀이에요. 이 옥수수 알로는 팝콘을 만들 수 있어요. 이 통에 들어 있는 것은 보리예요. 보리와 쌀은 다르게 생겼지요. 소리는 어떤지 들어 볼까요? **하나님이 모든 것을 만드셨어요.** 가인은 이런 곡식을 길렀어요.

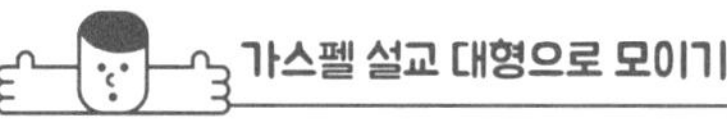

• 카운트다운 영상, 모이기 노래 등을 활용해 설교 대형으로 바꾸고 마음을 준비하게 한다.

가스펠 설교

하나 — 성경 이야기

• 모형이나 사진 활용하기 : 낱알이 달린 볏단 모형이나 사진(그림) 자료와 양 인형이나 사진(그림)을 준비해 성경 이야기를 들려준다. 가인과 아벨을 설명할 때 보조 자료로 활용한다.

USB

아이들에게 성경을 나눠 주고 펼치게 한다. 제목을 말하고, 성경 본문의 핵심 부분을 읽어 준다. 말씀 듣기 시간을 알려 주는 찬양을 부른 후 성경 이야기를 읽어 주거나 설교 영상(지도자용 팩)을 보여 준다.

에덴동산을 떠난 뒤, 아담과 하와는 가인이라는 아들을 낳았어요. 아벨이라는 아들도 낳았지요. 가인은 곡식을 길렀고, 아벨은 양을 키웠어요. 가인은 하나님께 곡식을 드렸고, 아벨은 하나님께 양을 드렸어요. 하나님께 드리는 곡식이나 동물을 '제물'이라고 해요. 그런데 하나님은 아벨이 드린 제물만 기쁘게 받으셨어요. 가인은 몹시 화가 났어요. 하나님은 가인에게 잘못된 선택을 하지 말라고 경고하셨어요. 하지만 가인은 하나님의 말씀을 듣지 않고 아벨을 해쳤어요. 하나님은 가인에게 벌을 주셨어요. 가인이 곡식을 길러도 자라지 않을 거예요. 집도 없을 거예요. 하지만 아무도 가인을 해치지 못할 것이라고 하나님이 말씀하셨어요. 가인이 떠났어요. 그 후 아담과 하와는 셋이라는 아들을 낳았어요. 아담과 하와의 가족은 점점 늘어났어요. 셋은 에노스라는 아들을 낳았어요. 이때부터 사람들은 하나님께 기도하기 시작했어요.

둘 — 가스펠 포인트

하나님이 모든 것을 만드셨어요. 가족도 하나님이 만드셨어요.
아담과 하와의 가족은 하나님께 순종하지 않았어요.
하나님은 우리를 사랑하셔서 예수님을 보내셨어요.

"좋으신 하나님"의 곡에 맞춰 다음 가사로 노래를 부르며 메시지를 정리한다.

♪

창조주 하나님
창조주 하나님
너와 나를
사랑하시네.

하나님이 모든 것을 만드셨어요. 하나님은 아담과 하와를 만드시고, 그들에게 가족을 주셨어요. 하지만 아담과 하와의 자녀들도 잘못된 선택을 했어요. 하나님은 우리를 사랑하셔서 예수님을 보내셨어요.

셋 — 복음 초청

성경과 복음 초청 가이드(155쪽)를 이용해서 아이들에게 그리스도를 소개한다.

예수님을 믿고 싶은 친구는 함께 기도해요.

넷 — 기도

하나님은 죄를 지은 우리를 위해 예수님을 보내 주셨어요. 감사해요. 예수님 이름으로 기도합니다. 아멘.

다섯 — 암송송

1단원 암송송(156쪽)을 손유희와 함께 부르거나, 일부 구절 또는 간단하게 줄인 문장을 활용할 수 있다.

"그러나 우리에게는 한 하나님 곧 아버지가 계시니 만물이 그에게서 났고 우리도 그를 위하여 있고 또한 한 주 예수 그리스도께서 계시니 만물이 그로 말미암고 우리도 그로 말미암아 있느니라"(고전 8:6).

"하나님은 한 분이세요."

가스펠 활동

알콩달콩 소그룹

아벨은 하나님께 양을 드렸어요

준비물 ▶ 영유아부 교재 10쪽, 솜, 풀

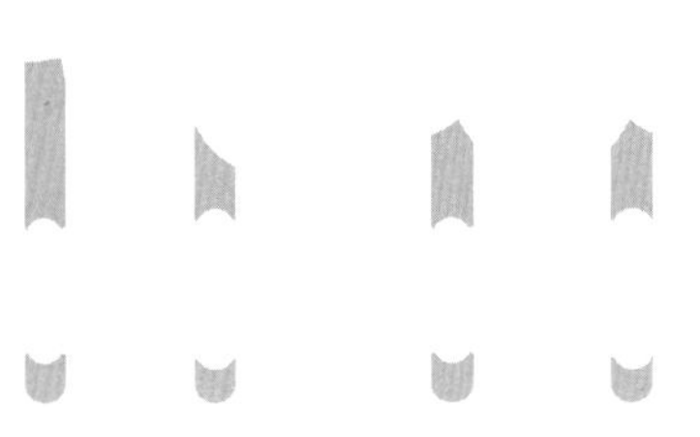

❶ 양 그림을 보면서 양의 울음소리를 흉내 내보게 한다.

❷ 양이 그려진 종이 표면을 만져 보고 느낌이 어떤지 이야기를 나눈다.

❸ 양 그림 위에 풀을 바르고 솜을 돌돌 말아 '양털'을 붙이게 한다.

❹ '양털'을 만지면서 느낌이 어떤지 이야기를 나누고, 하나님이 모든 것을 만드셨다고 말한다.

인도자 **하나님이 모든 것을 만드셨어요.** 가족도 하나님이 만드셨어요. 아담과 하와에게는 가인과 아벨이라는 두 아들이 있었어요. 하나님은 아벨이 하나님께 드린 양만 기쁘게 받으셨어요. 그래서 화가 난 가인에게 하나님은 잘못된 선택을 하지 말라고 하셨어요. 그런데 가인은 하나님 말씀에 순종하지 않았어요. 우리도 하나님 말씀에 따르지 않고 잘못된 선택을 할 때가 있어요. 우리가 잘못된 선택을 할 때도 하나님은 여전히 우리를 사랑하세요. 하나님은 우리를 사랑하셔서 예수님을 보내셨어요.

표정 짓기 놀이를 해요

준비물 ▶ 폴라로이드 사진기 또는 스마트폰

❶ 아이들과 마주 보고 앉는다.
❷ 아이들에게 교사가 짓는 표정을 따라 하라고 한다.
예) "하하하 웃어요", "으앙 슬퍼요", "속상해요. 화나요", "아이 무서워요" 등.
❸ 표정을 지은 상태로 아이들끼리 서로의 얼굴 표정을 확인하도록 한다.
❹ 자기가 가장 좋아하는 표정을 지으라고 하고 폴라로이드 사진으로 촬영한다.
❺ 사진을 보면서 이야기를 나눈다.

인도자 **하나님이 모든 것을 만드셨어요.** 하나님은 아담과 하와를 만드시고, 그들에게 가족을 주셨어요. 하지만 가인은 동생 아벨에게 화가 났어요. 가인의 잘못된 선택 때문에 하나님은 슬프셨어요.

그대로 멈춰요

준비물 ▶ 아이들이 좋아하는 찬양 음원, 음원 재생 기기(CD플레이어, 스마트폰 등)

❶ 아이들에게 찬양을 들으면서 자유롭게 예배실을 돌아다니며 걸어 보라고 한다.
❷ 팔도 흔들고, 다리도 흔들며 행진하도록 한다.
❸ 걷다가 음악이 멈추면 제자리에 그대로 멈추기로 약속한다.
❹ 그대로 멈추는 활동을 여러 번 반복한 후 아이들에게 자리에 앉아 쉬도록 한다.

인도자 **하나님이 모든 것을 만드셨어요.** 우리는 하나님께 순종해야 해요. 하지만 가인은 하나님께 순종하지 않았지요. 하나님은 가인이 온 세상을 떠돌아다니게 만드셨어요.

소곤소곤 꿀~꺽 간식

준비물 ▶ 쌀 튀밥, 그릇

❶ 아이들에게 주변을 정리하게 하고, 화장실에 가거나 물티슈 등을 이용해 손을 씻을 시간을 준다.

❷ 감사 기도를 드리고 쌀 튀밥을 그릇에 담아 나누어 준다. 간식을 먹으며, 쌀 튀밥의 재료는 쌀인데 가인은 곡식을 키우는 사람이었고, 아벨은 양을 치는 사람이었다고 말해 준다. "아담과 하와의 가족은 하나님께 순종하지 않았어요. 하지만 하나님은 우리를 사랑하셔서 예수님을 보내셨어요"라고 이야기한다.

신나는 마무리

준비물 ▶ 영유아부 교재 9쪽 활동지, 35쪽 메시지 카드, 43쪽 '이야기 성경' 스티커

❶ 활동지와 스티커, 메시지 카드를 나누어 주고 가족과 함께 오늘 배운 성경 이야기를 기억하라고 격려하며 가방을 정리해 준다.

가족과 활동해요

- '이야기 성경' 스티커를 붙이며 말씀을 기억해요.
- 하나님께 잘못한 것이 생각나면 "하나님, ____을 잘못했어요. 용서해 주세요!"라고 소리 내어 기도하세요.
- 가족이 함께 모여 다양한 표정으로 사진을 찍으세요. 서로의 얼굴을 보면서 가족 모두를 용서해 주신 하나님께 감사 기도를 드리세요.

❷ 축복과 파송의 메시지를 담은 찬양을 부르며 인사한다.

❸ 아이를 데리러 온 보호자에게 아이가 특별히 즐거워했거나 잘했던 활동들에 대해 이야기해 주고, 가정에서 활동지와 스티커, 메시지 카드를 활용해 말씀을 들려주도록 격려한다.

5

하나님이 노아와 가족을 구해 주셨어요

[창 6:5~9:17]

가스펠 포인트

하나님은 좋으신 분이에요. 하나님은 거룩하세요.
하나님은 홍수에서 노아를 안전하게 지키셨어요.
하나님은 우리를 사랑하셔서 예수님을 보내셨어요.

단원 주제

하나님이 모든 것을 만드셨어요.

단원 암송

하나님은 한 분이세요(고전 8:6).

본문 속으로

아담의 아들 셋은 912년을 살았습니다. 사람들의 죄에도 불구하고 하나님은 그들이 대를 이어 가며 살도록 도와주셨습니다. 셋의 9대손인 노아는 셋이 죽은 지 20년이 안 되어 태어났습니다. 대를 거듭할수록 땅에는 사람들이 늘어났습니다.

노아의 시대가 되자(아담으로부터 10대 후) 사람들은 더 이상 하나님을 따르지 않았습니다. 사실 성경은 이 상황을 한탄하며 기술하고 있습니다. "사람의 죄악이 세상에 가득함과 그의 마음으로 생각하는 모든 계획이 항상 악할 뿐임을…"(창 6:5).

하나님이 이 죄를 벌하신 것은 옳은 일이었습니다. 하나님은 홍수를 통해 이 땅을 깨끗하게 하기로 결심하셨습니다. 물이 온 땅을 덮을 것이고, 모든 것을 파괴할 것이었습니다. 그러나 하나님은 은혜롭게도 한 사람과 그의 가족을 구해 주기로 하셨습니다. 그가 바로 노아입니다. 하나님은 노아에게 홍수에 대해 경고하시며 방주를 지으라고 말씀하셨습니다.

노아는 다가오는 심판에 대한 하나님의 경고를 믿었습니다. 그는 말씀에 순종해 자신과 가족과 동물들을 구원할 방주를 열심히 만들었습니다. 하지만 그 일은 오랜 시간이 걸렸고, 아마도 노아는 그의 친구나 이웃들에게 조롱을 받았을 것입니다. "노아가 미친 것일까? 물도 없는 곳에 배를 짓다니!"

방주가 완성되자 하나님의 심판이 임했습니다. 홍수가 온 땅을 덮었습니다. 노아와 그의 가족은 방주 안에 안전하게 거했습니다. 하나님은 노아의 가족을 구하셨습니다. 하나님의 아들이 태어나시게 될 바로 그 가족 말입니다.

예수님도 다가오는 하나님의 심판에 대해 경고하실 것입니다. 하지만 예수님은 세상을 비난하시는 대신 죄인들을 구하기 위해 자기 생명을 바치실 것입니다. 하나님의 은혜가 없이는, 우리가 하는 모든 생각은 항상 악할 뿐입니다. 우리의 사악함은 널리 퍼졌고, 하나님이 우리를 지금 당장 멸하신다고 해도 할 말이 없습니다. 그런 우리를 위해 구원자를 예비하셨으니, 이 얼마나 큰 은혜입니까!

●● 티칭 포인트

아이들을 가르치기 전에, 아이들에게 복음을 명확하게 전달하게 해 달라고 주님께 도움을 구하십시오. 성령 하나님이 인도하셔서 아이들이 죄에 대한 하나님의 분노에서 우리를 구하시는 예수님을 영접하게 해 달라고 기도하십시오. 또한 아이들에게 끊임없는 사람들의 죄에도 불구하고 하나님은 은혜를 베푸시는 분임을 알려 주십시오.

이야기 성경

하나님이 노아와 가족을 구해 주셨어요

창 6:5~9:17

아담과 하와에게 자녀들, 손자들, 손녀들이 생겼어요. 곧 이 세상에는 사람들이 많아졌어요. 그들은 아담과 하와처럼 살았어요. 다들 잘못된 선택을 하면서 살았지요. 사람들은 하나님의 말씀대로 사는 것을 좋아하지 않았어요. 하나님은 사람들이 못되게 행동하고 나쁘게 생각하는 모습을 보면서 무척 슬퍼하셨어요.

거룩하신 하나님은 사람들이 하나님의 말씀을 어기고 죄만 짓는 것을 보고 사람 만든 것을 후회하며 가슴 아파하셨어요. 하나님은 큰 홍수를 보내 세상을 깨끗하게 하기로 결심하셨어요. 모든 사람이 홍수로 죽을 것이지만 하나님은 노아에게 은혜를 베푸셨어요.

하나님은 의로운 사람 노아에게 방주를 만들라고 하셨어요. 방주란 아주 큰 나무 상자를 말해요. 하나님은 홍수를 보낼 계획을 알려 주셨어요. 노아와 그의 가족과 많은 종류의 동물들은 방주 안에서 살아남을 거예요.

노아는 하나님이 설명하신 대로 방주를 짓기 시작했어요. 아주 오랫동안 열심히 일한 끝에 방주를 완성했어요. 그는 방주에 가족과 동물들이 먹을 음식을 실었어요. 물론 하나님 말씀대로요. 모든 종류의 동물이 암컷과 수컷 한 쌍씩 방주로 나아왔어요. 비가 내리기 시작하자 노아와 그의 가족, 동물들은 방주로 들어갔어요. 하나님이 방주의 문을 닫으셨어요.

비가 40일 동안 밤낮으로 내리고 물이 온 땅을 덮었어요. 높은 산도 모두 잠겨 버렸지요. 그 누구도 피할 수 없었어요. 하지만 방주는 물 위로 둥실 떠올랐어요. 방주 안에 있던 사람들과 동물들은 모두 안전했어요.

마침내 비가 그쳤어요. 하지만 땅에는 아직 물이 있었지요. 하나님이 바람을 보내시자 물 높이가 낮아지기 시작했어요. 방주는 어느 산꼭대기에서 멈추었어요. 방주 안에 있던 사람들은 땅이 완전히 마를 때까지 기다렸어요.

어느 날 하나님이 노아에게 가족과 동물들을 데리고 나오라고 말씀하셨어요. 노아는 방주에서 나와 하나님께 감사의 제물을 바쳤어요. 하나님은 노아와 그의 가족과 동물들을 홍수에서 구하셨어요.

하나님은 노아의 가족에게 온 땅으로 퍼져 나가 여러 곳에 살면서 자녀를 많이 낳고, 이 세상을 돌보면서 살라고 말씀하셨어요. 하나님은 다시는 온 세상을 물로 덮어 심판하지 않겠다고 약속하셨어요. 하나님은 약속의 표시로 구름 사이에 무지개를 두셨어요.

●● 예수님 생각하기

하나님은 온 세상의 죄를 벌하기 위해 홍수를 보내셨어요. 하지만 노아와 그의 가족은 구원하셨지요. 먼 훗날 하나님은 이보다 더 위대한 구원을 베푸셨어요! 예수님이 오셔서 사람들을 죄에서 구원하셨어요. 우리가 예수님을 믿고 의지하면 예수님은 우리가 받을 죄의 벌에서 우리를 구원하세요.

싱글벙글 — 환영해요

USB

"나의 창조주"(지도자용 팩)를 튼다. 아이들을 반갑게 맞이하며 헌금과 기도를 도와준다. 예배 중에 헌금 순서가 있다면 헌금을 잘 간수하도록 돕는다. 가방과 옷을 정리하도록 안내한다. 새로 온 아이에게는 음수대와 화장실의 위치를 알려 주고, 보호자와 만나는 시간과 방법 등을 소개한다. 보호자를 위한 안내문을 붙여 끝나는 시간, 기다리는 장소, 헌금 방법, 아이에 대한 특별한 주의 사항을 교사에게 미리 알려 달라는 당부 등을 공지한다.

너랑 나랑 — 마음 열기

아이들이 편안하고 친숙하게 하나님께 마음을 열고, 하나님을 알아 가도록 돕는 놀이 환경을 제공한다. 흥미를 유발할 수 있는 놀잇감으로 자유 놀이 영역을 구성한다. 단원별 공통 활동에 각 과의 주제와 연결된 활동 영역을 추가하여 아이들이 자유롭게 선택하게 한다. 충분히 활동할 수 있도록 20분 정도의 시간을 할애하는 것이 좋다.

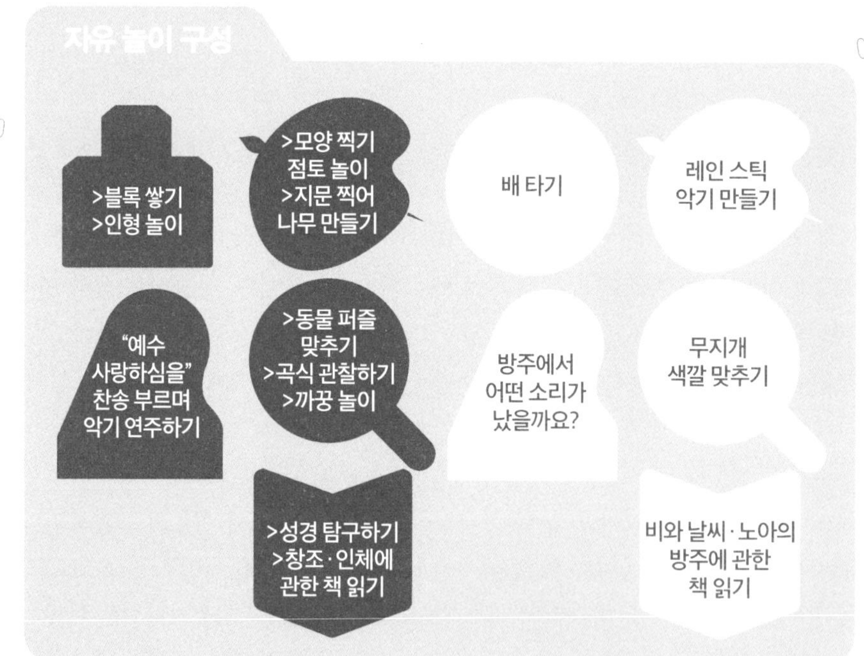

배 타기

준비물 ▶ 낮은 어린이용 튜브 수영장

❶ 튜브 수영장을 이용해 '배'를 만들어 둔다. 꾸미지 않고 그대로 사용해도 좋다.

❷ 교회나 부서 이름을 붙여서 '○○배'라고 부르자고 말하고 아이들과 '배' 타는 놀이를 한다.

인도자 우리 '○○배'에 같이 타요. 어서 타세요. 하나님이 노아와 가족들을 배에 태워 보호해 주셨어요. **하나님이 모든 것을 만드셨어요.** 사람과 동물도 하나님이 만드셨지요. 하나님은 노아와 가족들, 그리고 동물들을 방주에 태워 안전하게 지켜 주셨어요.

레인 스틱 악기 만들기

준비물 ▶ 투명 페트병, 스파게티 면

❶ 아이들에게 투명 페트병 한 개와 스파게티 면을 나누어 준다.

❷ 스파게티 면을 손으로 잘라 페트병에 넣고 뚜껑을 잘 닫을 수 있도록 도와준다.

❸ ❷를 흔들면 빗소리가 나는 악기인 '레인 스틱'과 비슷한 소리가 난다고 말해 주고, 아이들이 직접 흔들어 빗소리가 나는지 확인해 볼 수 있도록 지도한다.

방주에서 어떤 소리가 났을까요?

❶ 노아의 커다란 배에는 여러 동물이 같이 탔다고 이야기한다. 1년 정도 방주에서 동물들과 함께 살았을 노아와 가족이 어떤 소리를 들었을지 상상해 보자고 한다.

❷ 아이들과 함께 동물 울음소리를 흉내 내 본다. 예) "으르렁", "야옹", "멍멍", "꽥꽥" 등.

❸ 그 외에도 어떤 소리가 났을지 이야기를 나누어 보고, 동물들의 방귀, 소변과 대변 보는 소리도 흉내 내며 상상해 볼 수 있도록 지도한다.

무지개 색깔 맞추기

준비물 ▶ 무지개 색깔 색종이 2세트

❶ 무지개 색깔 색종이의 색깔 이름을 하나하나 소개해 준다.

❷ 무지개 색깔은 모두 7개인데, 빨간색, 주황색, 노란색, 초록색, 파란색, 남색, 보라색이라고 말해 준다.

❸ 예배실 바닥에 무지개 색깔 색종이 2세트를 섞어서 펼쳐 놓고 같은 색깔끼리 맞춰 보라고 한다.

인도자 이것은 무슨 색깔일까요? 빨간색이지요. 같은 색을 찾아볼까요? 잘했어요. 같은 색깔끼리 짝꿍을 맞춰 보아요. **하나님이 모든 것을 만드셨어요.** 무지개도 하나님이 만드셨어요. 무지개에는 어떤 색깔이 있다고 했지요? 손가락으로 가리켜 보아요.

비와 날씨·노아의 방주에 관한 책 읽기

준비물 ▶ 비와 날씨·노아의 방주에 관한 책, 그림 성경 등

❶ 비와 날씨·노아의 방주에 관한 책을 자유롭게 관찰하게 한다.

❷ 그림 성경에서 노아의 방주가 나오는 부분을 함께 찾아 보고, 읽어 준다.

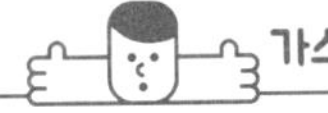

가스펠 설교 대형으로 모이기

• 카운트다운 영상, 모이기 노래 등을 활용해 설교 대형으로 바꾸고 마음을 준비하게 한다.

가스펠 설교

하나 — 성경 이야기

• 레인 스틱 활용하기 : "너랑 나랑 마음 열기"에서 만든 '레인 스틱'을 성경 이야기에 활용한다. 성경 이야기를 시작할 때 레인 스틱을 흔들어 소리를 들려주어 무슨 소리인지 유추하게 한다. 성경 이야기 중에 비가 내리는 장면에서 한 아이에게 부탁해 레인 스틱을 흔들어 달라고 한다.

USB

아이들에게 성경을 나눠 주고 펼치게 한다. 제목을 말하고, 성경 본문의 핵심 부분을 읽어 준다. 말씀 듣기 시간을 알려 주는 찬양을 부른 후 성경 이야기를 읽어 주거나 설교 영상(지도자용 팩)을 보여 준다.

하나님은 하나님을 사랑하고 하나님께 순종하게 하려고 사람을 만드셨어요. 하지만 사람은 잘못된 일만 하고 싶어 했어요. 하나님은 이 땅에 큰 홍수를 보내기로 하셨어요. 하나님은 노아에게 가족과 동물들을 구할 방주를 만들라고 말씀하셨어요. 노아는 하나님께 순종했어요. 때가 되자 하나님은 노아에게 가족과 동물들을 데리고 방주로 들어가라고 말씀하셨어요. 40일 동안 밤낮으로 비가 내렸어요. 방주가 물 위로 떠올랐어요. 하나님은 방주에 탄 사람들과 동물들을 안전하게 지켜 주셨어요. 비가 그치고, 땅이 마르자 하나님은 노아에게 방주에서 나오라고 말씀하셨어요. 하나님은 다시는 온 세상을 홍수로 뒤덮지 않겠다고 약속하셨어요. 그리고 약속의 표시로 하늘에 무지개를 두셨어요.

둘 — 가스펠 포인트

하나님은 좋으신 분이에요. 하나님은 거룩하세요.
하나님은 홍수에서 노아를 안전하게 지키셨어요.
하나님은 우리를 사랑하셔서 예수님을 보내셨어요.

"좋으신 하나님"의 곡에 맞춰 다음 가사로 노래를 부르며 메시지를 정리한다.

♪

창조주 하나님
창조주 하나님
이 세상을
창조하셨네.

tip 가사 중에서 '이 세상을' 자리에 '사람들을'과 '동물들을'을 넣어서 불러도 좋다.

하나님이 모든 것을 만드셨어요. 하나님은 좋으신 분이에요. 하나님은 거룩하세요. 하나님은 노아의 가족과 동물들을 안전하게 지켜 주셨어요.

셋 — 복음 초청

성경과 복음 초청 가이드(155쪽)를 이용해서 아이들에게 그리스도를 소개한다.

예수님을 믿고 싶은 친구는 함께 기도해요.

넷 — 기도

우리를 안전하게 지켜 주시는 하나님, 감사드려요. 예수님 이름으로 기도합니다. 아멘.

다섯 — 암송송

1단원 암송송(156쪽)을 손유희와 함께 부르거나, 일부 구절 또는 간단하게 줄인 문장을 활용할 수 있다.

"그러나 우리에게는 한 하나님 곧 아버지가 계시니 만물이 그에게서 났고 우리도 그를 위하여 있고 또한 한 주 예수 그리스도께서 계시니 만물이 그로 말미암고 우리도 그로 말미암아 있느니라"(고전 8:6).

"하나님은 한 분이세요."

가스펠 활동

알콩달콩 — 소그룹

노아의 방주에는 누가 탔을까요?

준비물 ▶ 영유아부 교재 12쪽, 29쪽 '방주' 그림, 41쪽 '동물' 스티커, 풀

❶ 영유아부 교재 29쪽 '방주' 그림을 떼어 칼선 부분을 떼어 접는 선 표시대로 접었다 펴서 방주 뚜껑을 준비해 둔다.

❷ '풀칠' 표시에 풀을 발라 붙이고, 방주 문을 차례로 열어 보라고 한다.

❸ 방주 문을 연 자리에 영유아부 교재 41쪽 '동물' 스티커를 붙여 방주를 가득 채운 후 방주 문을 닫으라고 한다.

❹ 방주 문을 들춰 보며 까꿍 놀이를 한다.

tip '동물' 스티커 대신 동물 도장을 이용해도 좋다.

인도자 **하나님이 모든 것을 만드셨어요.** 하나님 말씀에 순종하며 살도록 만들어진 사람들은 계속 잘못된 선택을 했어요. 그래서 하나님은 세상에 홍수를 보내셨어요. 그렇지만 하나님은 방주를 만들라는 하나님 말씀에 순종한 노아와 가족, 그리고 동물들을 홍수에서 안전하게 지켜 주셨어요. 또 하나님은 우리를 사랑하셔서 예수님을 보내시고 언제나 안전하게 지켜 주세요.

방주를 만들어요

준비물 ▶ 종이 접시, 영유아부 교재 31쪽 '방주 만들기' 그림, 풀

❶ 노아의 방주에는 누가 타고 있었을지 이야기를 나누어 본다.
❷ 종이 접시를 나누어 주고 반으로 접게 한다.
❸ 영유아부 교재 31쪽 '방주 만들기' 그림을 떼어 풀을 이용해 ❷의 앞뒤 면에 붙이게 한다.
❹ 노아의 방주 이야기를 들려주고 아이들이 방주를 흔들며 이야기 장면을 표현해 보게 한다.

인도자 **하나님이 모든 것을 만드셨어요.** 사람과 동물도 하나님이 만드셨지요. 하나님은 노아의 가족과 동물들을 방주에 태워 홍수에서 안전하게 지켜 주셨어요. 좋으신 하나님께 감사드려요.

낙하산 방주 놀이를 해요

준비물 ▶ 낙하산 또는 커다란 천, 분무기, 조명

❶ 낙하산 또는 커다란 천을 펼친 후 아이들과 다 같이 잡고 돌아 본다.
❷ 분무기와 조명을 이용해 번개가 치고 비가 오는 효과를 연출한다.
❸ 아이들과 함께 낙하산 안으로 들어가 비를 피하도록 한다.
❹ 낙하산을 살짝 들어서 비가 그쳤는지, 계속 내리는지 확인하게 한다.
❺ 잠시 후 비가 그쳤다고 이야기하며 낙하산 밖으로 나오라고 한다.

인도자 **하나님이 모든 것을 만드셨어요.** 비도 하나님이 만드셨어요. 하나님이 홍수를 보내셨어요. 하지만 노아와 가족은 안전하게 지켜 주셨어요.

소곤소곤 꿀~꺽 간식

준비물 ▶ 여러 가지 색깔의 과일 젤리, 접시

❶ 아이들에게 주변을 정리하게 하고, 화장실에 가거나 물티슈 등을 이용해 손을 씻을 시간을 준다.

❷ 감사 기도를 드리고 여러 가지 색깔의 과일 젤리를 간식으로 나누어 준다. 간식을 먹으며, "하나님이 모든 것을 만드셨어요. 하나님은 좋으신 분이고, 거룩한 분이세요. 하나님은 노아에게 다시는 온 세상을 홍수로 뒤덮지 않겠다고 약속하셨어요. 그 약속의 표시가 무지개예요"라고 이야기한다.

신나는 마무리

준비물 ▶ 영유아부 교재 11쪽 활동지, 35쪽 메시지 카드, 43쪽 '이야기 성경' 스티커

❶ 활동지와 스티커, 메시지 카드를 나누어 주고 가족과 함께 오늘 배운 성경 이야기를 기억하라고 격려하며 가방을 정리해 준다.

가족과 활동해요

- '이야기 성경' 스티커를 붙이며 말씀을 기억해요.
- 담요(방주) 위에 아이를 태우고 끌어주는 '방주 놀이'를 하며 홍수에서도 노아의 가족을 안전하게 지켜 주신 하나님을 기억해요.
- 가족들끼리 서로 안아 주면서 "예수님을 보내서 우리를 지켜 주신 하나님, 감사해요!"라고 말하세요.

❷ 축복과 파송의 메시지를 담은 찬양을 부르며 인사한다.

❸ 아이를 데리러 온 보호자에게 아이가 특별히 즐거워했거나 잘했던 활동들에 대해 이야기해 주고, 가정에서 활동지와 스티커, 메시지 카드를 활용해 말씀을 들려주도록 격려한다.

6

바벨탑을 쌓던 사람들이 흩어졌어요

(창 11:1~9)

가스펠 포인트

하나님은 하나님을 사랑하게 하려고 사람을 만드셨어요.
하나님은 사람들의 말을 뒤섞어 버리셨어요.
언젠가 예수님은 사람들을 모두 모으실 거예요.

단원 주제

하나님이 모든 것을 만드셨어요.

단원 암송

하나님은 한 분이세요(고전 8:6).

본문 속으로

홍수 이후, 하나님은 새롭게 출발하기 원하셨습니다. 창세기 9장 1절에서 하나님은 노아에게 "자녀를 많이 낳고 번성해 땅을 채워라"라고 명령하셨습니다. 이 명령은 창세기 1장 28절에서 아담과 하와에게 하신 명령을 그대로 되풀이하신 것입니다. 하나님은 에덴동산과 같은 낙원이 온 세상에 퍼져 나가기를 원하셨지만, 죄 많은 인간들에게는 다른 욕망이 있었습니다.

창세기 10장은 홍수 후에 땅 위로 퍼져 나간 나라들을 설명하고 있습니다(창 10:32). 사람들은 동쪽으로 이동하며 골짜기에 정착했습니다. 이 이야기는 하나님께 불순종하고, 죄를 선택하는 과정을 되풀이함으로써 우리에게는 구원자가 필요하다는 사실을 계속해서 깨우쳐 줍니다.

창세기 11장 2절을 보면, 사람들은 하나님의 명령대로 땅을 채우는 대신 도시를 건설하고, 하늘까지 닿는 높은 탑을 쌓을 계획을 생각해 냈습니다. 창세기 11장 4절을 보면, 사람들의 동기는 명확했습니다. "우리의 이름을 널리 알리자." 사람들은 흩어지기를 원하지 않았습니다. 그들은 하나님께 순종하면 하나님이 그들에게 좋은 것을 주실 것이라고 믿지 않았습니다. 오히려 자신들이 생각하기에 좋은 것을 자신들의 힘으로 얻고 싶어 했습니다.

사람들은 꼭대기가 하늘에 닿는 탑을 세우려고 노력했으나, 자신들을 하나님과 서로에게서 갈라놓는 데만 성공했을 뿐입니다. 하나님은 언어를 혼란스럽게 하셔서 그들을 온 땅으로 흩어 버리셨습니다. 그들은 도시 건축을 마치지 못했고, 그 도시의 이름은 '바벨'(히브리어의 '혼란'과 유사한 발음)이 되었습니다. 하나님이 그곳에서 사람들의 언어를 혼란스럽게 하셨기 때문입니다.

●● 티칭 포인트

사람들의 계획보다 훨씬 나은 하나님의 계획이 있다는 것을 아이들에게 가르쳐 줄 기회가 찾아왔습니다. 하나님의 계획은 사람들을 하나님께로 올라오게 하는 것이 아니라, 하나님이 사람들에게 내려가시는 것이었습니다. 하나님의 아들이신 예수님을 보내셔서 우리가 살 수 없는 완전한 삶을 살게 하시고, 우리의 죄의 결과인 죽음을 대신 감당하게 하시는 것이었습니다. 그것이 복음입니다. 아이들이 마음을 열고 복음을 받아들일 수 있도록 기도하십시오.

이야기 성경

바벨탑을 쌓던 사람들이 흩어졌어요

창 11:1~9

홍수가 끝난 뒤, 하나님은 노아의 가족에게 자녀들을 많이 낳고 온 땅으로 퍼져 나가 땅을 가득 채우라고 말씀하셨어요. 노아의 아들딸들은 결혼해 자녀를 많이 낳았어요. 곧 땅에는 사람들이 점점 늘어났지요.

어느 날 사람들은 마음에 드는 골짜기 하나를 발견하고는 그곳에서 살기 시작했어요. 그들은 온 땅으로 흩어지라는 하나님의 말씀을 듣지 않았어요. 사람들은 서로 말했어요. "우리는 대단해. 땅 여기저기로 흩어지지 말자. 힘을 합쳐 여기에 도시를 하나 만들고, 꼭대기가 하늘까지 닿는 탑도 하나 세우자. 그러면 모든 사람이 우리가 얼마나 대단한지 알게 될 거야."

하나님은 하나님께 영광을 돌리게 하시려고 사람을 창조하셨어요. 하지만 사람들은 하나님께 영광을 돌리기 싫어했어요. 자기가 영광을 받고 싶어 했지요. "하나님이 얼마나 위대하신지 봐!"라고 말하지 않고, "우리가 얼마나 대단한지 봐!"라고 말했지요. 그러나 하나님보다 위대한 분은 없어요.

벽돌을 구워 탑을 쌓는 일이 한창일 때 하나님이 탑을 보려고 내려오셨어요. 하나님은 사람들의 행동이 마음에 들지 않으셨어요. "사람들이 이 일을 시작했다면, 앞으로는 나쁜 일을 더 많이 생각해 낼 것이다. 그들을 막아야 한다." 그래서 하나님은 사람들의 말을 뒤섞어 버리셨어요. 사람들은 계획을 세우려고 해도 서로의 말을 알아들을 수가 없었어요. 어떤 사람이 "벽돌 하나 더 줘"라고 말해도 그가 무엇을 원하는지 아무도 몰랐지요.

사람들은 도시를 세우는 일을 멈춰야 했어요. 서로 말이 통하는 사람끼리 살려면 가족이라도 헤어질 수밖에 없었어요. 이것은 하나님이 하신 일이었어요. 홍수 후에 하나님이 그들에게 말씀하신 대로 살게 하려고 하나님이 그렇게 만드신 거예요. 사람들은 온 땅으로 흩어졌어요. 완성하지 못한 탑이 남아 있는 그 도시는 '바벨'이라고 불렸어요.

● ● 예수님 생각하기

사람들은 하나님이 아니라 자기들이 유명해지기를 바랐어요. 그들은 하나님의 계획을 무시했고, 하나님이 그들에게 원하시는 대로 살지 않았지요. 하나님은 사람들의 말을 뒤섞어 그들을 온 땅으로 흩어지게 하셨어요. 언젠가 예수님이 오셔서 하나님의 백성을 다시 모으실 거예요. 서로 다른 말을 쓰는 모든 나라의 사람들이 한데 모여 하나님께 예배드릴 거예요(계 7:9~10).

가스펠 준비

싱글벙글 — 환영해요

USB

"나의 창조주"(지도자용 팩)를 튼다. 아이들을 반갑게 맞이하며 헌금과 기도를 도와준다. 예배 중에 헌금 순서가 있다면 헌금을 잘 간수하도록 돕는다. 가방과 옷을 정리하도록 안내한다. 새로 온 아이에게는 음수대와 화장실의 위치를 알려 주고, 보호자와 만나는 시간과 방법 등을 소개한다. 보호자를 위한 안내문을 붙여 끝나는 시간, 기다리는 장소, 헌금 방법, 아이에 대한 특별한 주의 사항을 교사에게 미리 알려 달라는 당부 등을 공지한다.

너랑 나랑 — 마음 열기

아이들이 편안하고 친숙하게 하나님께 마음을 열고, 하나님을 알아 가도록 돕는 놀이 환경을 제공한다. 흥미를 유발할 수 있는 놀잇감으로 자유 놀이 영역을 구성한다. 단원별 공통 활동에 각 과의 주제와 연결된 활동 영역을 추가하여 아이들이 자유롭게 선택하게 한다. 충분히 활동할 수 있도록 20분 정도의 시간을 할애하는 것이 좋다.

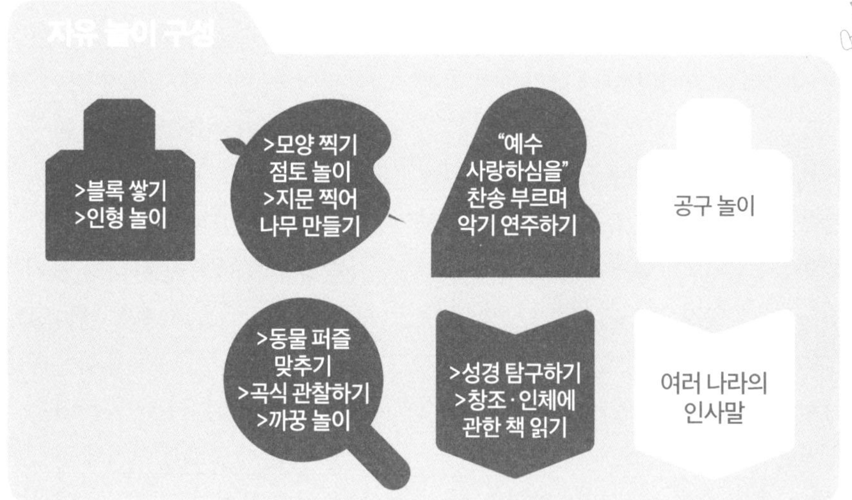

공구 놀이

준비물 ▶ 공구 놀이 장난감

❶ 아이들에게 공구 놀이 장난감을 보여 주고 도구들의 이름과 사용하는 방법을 하나씩 소개해 준다. 이 공구들로 집을 짓거나 건물을 높이 쌓을 수 있다고 말해 준다.

❷ 공구 놀이 장난감을 이용해 자유롭게 놀이하도록 지도한다.

인도자 이것은 망치예요. 망치는 뚝딱뚝딱 못을 박을 때 쓰는데, 땅땅 치면 되어요. 따라 해 볼까요? 땅땅! 이것은 톱이에요. 톱은 쓱싹쓱싹 나무를 자를 때 쓰는 도구예요. 쓱싹쓱싹 잘라 볼까요? 잘했어요. **하나님이 모든 것을 만드셨어요.** 하나님은 사람들에게 온 세상으로 흩어지라고 말씀하셨지만 사람들은 하나님의 말씀을 듣지 않았어요. 사람들은 높은 탑을 쌓았답니다.

여러 나라의 인사말

준비물 ▶ 지구본, 여러 나라 인사말 카드와 세이펜 또는 스마트폰 번역 앱

❶ 아이들에게 지구본을 보여 준다. 실제로 우리가 사는 세상을 아주 작게 만든 모형이라고 설명해 준다. 우리가 사는 세상은 아주아주 크다고 설명해 준다.

❷ 세상에는 여러 나라가 있고, 다양한 말이 있다고 이야기한다.

❸ 여러 나라 인사말 카드와 세이펜 또는 스마트폰 번역 앱을 이용해 여러 나라의 인사말을 직접 들어 본다.

tip 여러 나라의 인사말을 따라 말하게 해도 좋다.

인도자 우리가 사는 세상을 보여 주는 지구본이에요. 우리가 사는 세상은 지구본보다 훨씬 커요. 여기에 사는 사람들은 서로 다른 말을 해요. 이 세상을 만든 분이 누구시죠? 맞아요! 하나님이세요! **하나님이 모든 것을 만드셨어요.** 사람을 만드신 분도 하나님이세요. 하나님은 사람을 사랑하세요.

가스펠 설교 대형으로 모이기

• 카운트다운 영상, 모이기 노래 등을 활용해 설교 대형으로 바꾸고 마음을 준비하게 한다.

가스펠 설교

하나 — 성경 이야기

• 공구 놀이 장난감 활용하기 : 아이들에게 공구 놀이 장난감을 보여 주면서 무슨 일을 할 때 쓰는 물건인지 맞혀 보라고 한다. 주로 집을 만들거나 건물을 세울 때, 옛날에는 높은 탑을 쌓을 때 이런 도구를 사용했다고 말해 주고 성경 이야기를 들려준다.

USB

아이들에게 성경을 나눠 주고 펼치게 한다. 제목을 말하고, 성경 본문의 핵심 부분을 읽어 준다. 말씀 듣기 시간을 알려 주는 찬양을 부른 후 성경 이야기를 읽어 주거나 설교 영상(지도자용 팩)을 보여 준다.

홍수가 지나간 뒤 하나님은 노아의 가족에게 여러 곳으로 흩어져 살면서 자녀를 많이 낳으라고 말씀하셨어요. 노아의 자손은 점점 많아졌어요. 하지만 사람들은 하나님의 말씀을 듣지 않았어요! 사람들은 한 골짜기에 모여 살면서 도시를 세우고 탑을 쌓기 시작했어요. 하나님처럼 위대해지고 싶었기 때문이에요. 하지만 하나님은 이 세상 누구보다 위대한 분이세요. 하나님이 말씀하셨어요. "이대로 두면 사람들이 점점 더 나쁜 짓을 많이 할 것이다." 그래서 하나님은 사람들의 말을 뒤섞어 버리셨어요. 탑을 쌓던 사람들은 서로가 하는 말을 알아들을 수 없었어요. 탑 쌓는 일도 멈춰야 했지요. 사람들은 온 세상으로 흩어졌어요. 도시와 탑은 완성되지 못했어요. 이 도시의 이름은 '바벨'이에요. 언젠가 하나님은 예수님을 보내셔서 사람들을 모두 모으실 거예요.

둘 — 가스펠 포인트

하나님은 하나님을 사랑하게 하려고 사람을 만드셨어요.
하나님은 사람들의 말을 뒤섞어 버리셨어요.
언젠가 예수님은 사람들을 모두 모으실 거예요.

"좋으신 하나님"의 곡에 맞춰 다음 가사로 노래를 부르며 메시지를 정리한다.

♪

창조주 하나님
창조주 하나님
우리 – 를
창조하셨네.

하나님이 모든 것을 만드셨어요. 하나님은 하나님을 사랑하게 하려고 사람을 만드셨어요. 우리가 하나님을 사랑하는 이유는 하나님이 우리를 만드셨고, 우리를 사랑하시기 때문이에요!

셋 — 복음 초청

성경과 복음 초청 가이드(155쪽)를 이용해서 아이들에게 그리스도를 소개한다.

예수님을 믿고 싶은 친구는 함께 기도해요.

넷 — 기도

우리를 안전하게 지켜 주시는 하나님, 감사드려요. 예수님 이름으로 기도합니다. 아멘.

다섯 — 암송송

1단원 암송송(156쪽)을 손유희와 함께 부르거나, 일부 구절 또는 간단하게 줄인 문장을 활용할 수 있다.

"그러나 우리에게는 한 하나님 곧 아버지가 계시니 만물이 그에게서 났고 우리도 그를 위하여 있고 또한 한 주 예수 그리스도께서 계시니 만물이 그로 말미암고 우리도 그로 말미암아 있느니라"(고전 8:6).

"하나님은 한 분이세요."

가스펠 활동

알콩달콩 소그룹

흩어졌던 사람들이 다시 모여요

준비물 ▶ 영유아부 교재 14쪽, 33쪽 '탑' 그림, 풀, 31쪽 '십자가 나무 조각', '사람들' 그림

❶ 사람들이 왜 탑을 쌓게 되었는지 물어보고 이야기를 나누어 본다.

❷ 영유아부 교재 33쪽 '탑' 그림, 31쪽 '십자가 나무 조각' 그림을 떼어 풀로 붙여 탑과 십자가를 만들라고 한다.

❸ 영유아부 교재 31쪽 '사람들' 그림을 떼어 알맞은 곳에 붙여 흩어졌던 사람들이 예수님의 십자가 앞으로 다시 모이는 장면을 꾸며 보라고 한다.

인도자 **하나님이 모든 것을 만드셨어요.** 하나님을 사랑하도록 만들어진 사람들은 하나님보다 더 높아지려고 탑을 쌓았어요. 그래서 하나님은 말을 서로 알아듣지 못하게 하시고 사람들을 흩어지게 하셨어요. 그러나 하나님은 사람들이 다시 서로 모이고 하나님을 사랑하며 살게 하려고 예수님을 보내셨어요.

과자 벽돌로 탑을 쌓아요

준비물 ▶ 네모 모양의 과자

❶ 아이들에게 네모 모양의 과자를 하나씩 나누어 주고 맛을 보자고 한다.

❷ 이제부터 네모 모양의 과자를 벽돌로 생각하고 탑을 쌓을 것이라고 이야기한다.

❸ 다 같이 숫자를 세며 아이들에게 벽돌을 나누어 주고 탑을 쌓아 보라고 한다.

인도자 **하나님이 모든 것을 만드셨어요.** 하나님은 사람들에게 온 세상에 흩어져 살라고 하셨지만, 사람들은 순종하지 않았지요. 사람들은 모래와 물로 벽돌을 만들어 탑을 쌓았어요. 하나님은 사람들이 탑을 쌓는 것을 좋아하셨을까요? 아니에요! 하나님은 그들의 말을 다르게 만들어서 서로 대화하지 못하게 하셨어요. 그들은 더 이상 탑을 쌓을 수 없게 되었어요.

영차, 영차 — 대그룹

달팽이 집을 지읍시다

❶ 아이들과 함께 손을 잡고 동그랗게 선다.

❷ "달팽이 집" 동요에 맞추어 원 가운데를 향해 모였다가 다시 제자리로 돌아가기를 반복한다.

❸ 교사가 중간에 "흩어지세요"라고 말하면 손을 놓고 뒤로 물러나야 한다는 게임의 규칙을 설명해 준다.

❹ 시간 여유가 있으면 활동을 여러 번 반복한다.

인도자 **하나님이 모든 것을 만드셨어요.** 하나님은 하나님을 사랑하게 하려고 사람을 만드셨어요. 하나님은 사람들에게 온 세상에 흩어져 살라고 하셨지만, 사람들은 순종하지 않았지요. 하나님이 그들의 말을 다르게 하셔서 사람들은 서로 말을 알아듣지 못했고, 곧 먼 곳으로 떠나갔어요. 언젠가 예수님은 사람들을 모두 모으실 거예요.

소곤소곤 꿀~꺽 — 간식

준비물 ▶ 네모 모양의 과자, 접시

❶ 아이들에게 주변을 정리하게 하고, 화장실에 가거나 물티슈 등을 이용해 손을 씻을 시간을 준다.

❷ 감사 기도를 드리고 네모 모양의 과자를 나누어 준다. 과자로 탑을 쌓아 보라고 한다. 간식을 먹으며, "하나님이 모든 것을 만드셨어요. 사람을 만드신 분도 하나님이세요. 하나님은 사람을 사랑하세요"라고 이야기한다.

신나는 — 마무리

준비물 ▶ 영유아부 교재 13쪽 활동지, 37쪽 메시지 카드, 43쪽 '이야기 성경' 스티커

❶ 활동지와 스티커, 메시지 카드를 나누어 주고 가족과 함께 오늘 배운 성경 이야기를 기억하라고 격려하며 가방을 정리해 준다.

가족과 활동해요

- '이야기 성경' 스티커를 붙이며 말씀을 기억해요.
- 예수님을 믿는 이웃이나 친구들과 함께 모여 하나님을 찬양하며 예배를 드리세요.

❷ 축복과 파송의 메시지를 담은 찬양을 부르며 인사한다.

❸ 아이를 데리러 온 보호자에게 아이가 특별히 즐거워했거나 잘했던 활동들에 대해 이야기해 주고, 가정에서 활동지와 스티커, 메시지 카드를 활용해 말씀을 들려주도록 격려한다.

언약을 맺으시는 하나님

하나님은 아브라함 및 그의 자손과 언약 관계를 시작하셨습니다. 그것은 하나님의 구속 계획을 이어 가시기 위해서였습니다. 하나님은 아브라함의 자손, 즉 이스라엘 나라를 통해 메시아 예수님을 보내심으로써 온 세상에 복을 주실 것입니다.

하나님이 아브라함과 언약을 맺으셨어요

하나님이 아브라함을 시험하셨어요

하나님이
다시
약속하셨어요

놀이 영역 / 과	신체	쌓기 및 역할	미술	음률	감각 탐색	언어
공통	보자기를 이용해 공 굴리기	아기 인형 돌보기	약속 도장 찍기	라임 따라 동작하기	>쌀 튀밥 놀이 >돌 관찰하기	가족 그림책·그림 성경책 읽기
7과			별 스티커 붙이기	"꼭꼭 약속해" 동요 부르기		
8과	산 올라가기			"거미가 줄을 타고 올라갑니다" 손가락 놀이		
9과	발디딤 오르내리기	잠들었다 깨어나는 역할극 하기				

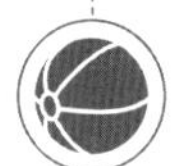

보자기를 이용해 공 굴리기

준비물 ▶ 공, 보자기

아이들과 함께 보자기를 잡고 공을 굴려 서로에게 건네주게 한다. 교사에게 공이 가까이 올 때마다 2단원의 주제 "하나님이 약속하셨어요"를 말한다.

아기 인형 돌보기

준비물 ▶ 아기 인형, 속싸개

아이들에게 아기 인형을 속싸개로 잘 감싸 돌보아 주자고 한다. 아이들에게 아기 인형을 속싸개로 싸는 법을 보여 준다. 아기 인형을 안아 돌보는 시범을 보여 준다. 하나님은 아브라함에게 많은 자손(아기)을 주겠다고 약속하셨다고 이야기한다.

약속 도장 찍기

준비물 ▶ A4 용지, 사인펜, 다양한 모양의 도장

사인펜을 이용해 A4 용지에 아이의 이름을 적고 다양한 모양의 도장을 찍어 볼 수 있도록 지도한다. 사람들은 서로 약속할 때 도장을 찍는다고 이야기한다. 하나님은 말씀으로 약속하셨고, 언제나 약속을 지키시는 분이라고 이야기한다.

라임 따라 동작하기

아이들에게 간단한 라임을 해 볼 텐데 따라 말하면서 동작해 보자고 한다. '우리와 함께하시는 하나님'을 설명하는 간단한 손유희 동작을 해 본다. 2회 반복한다.

- "하나님은 나를 지켜보세요." [눈을 가리킨다.]
- "하나님은 내 이야기를 들으세요." [귀를 가리킨다.]
- "하나님은 언제나 나를 사랑하세요." [두 팔을 쭉 펴고 자신을 안는다.]

쌀 튀밥 놀이

준비물 ▶ 낮은 어린이용 튜브 수영장, 쌀 튀밥, 깨끗한 플라스틱 그릇, 깨끗한 모래놀이 도구

낮은 어린이용 튜브 수영장을 깨끗하게 닦고 절반 높이로 쌀 튀밥을 담아 둔다. 플라스틱 그릇과 모래놀이 도구를 넣어 둔다. 아이들을 튜브 수영장 주위로 둘러앉힌 후 쌀 튀밥으로 놀이할 수 있도록 지도한다. '많다'라는 개념이 무엇인지 튀밥을 만지며 알려 준다.

돌 관찰하기

준비물 ▶ 채집통, 크고 매끈한 돌

아브라함과 이삭이 산을 오르며 보았을 것 같은 돌멩이들을 채집통에 넣고 뚜껑을 잘 닫아 둔다. 크고 매끈한 돌도 준비해 놓는다. 아이들에게 채집통 속의 돌멩이를 관찰하게 한다. 아이들에게 크고 매끈한 돌을 만져 보게 하고 감촉이 어떤지 이야기를 나눈다. 그 돌을 베개로 쓸 수 있을지 생각해 보게 하고, 한 명씩 차례대로 베개처럼 베어 볼 수 있도록 지도한다. 돌은 베개처럼 푹신하지 않고 딱딱하고 차갑다는 것을 느끼도록 해 준다.

가족 그림책 · 그림 성경책 읽기

준비물 ▶ 할아버지, 할머니를 포함한 가족들이 나오는 가족 그림책, 그림 성경책

그림 속의 할아버지, 할머니, 아빠, 엄마, 형제, 자매, 아기 등을 손가락으로 가리키며 그림책을 읽어 준다. 그림 성경책을 준비해 해당 과의 성경 이야기가 나오는 부분을 찾아 살펴보거나 이야기를 읽어 준다.

카운트다운

동물 농장

USB

카운트다운 영상(지도자용 팩)은 이전 활동을 마무리하고, 다음 활동으로 전환할 때 활용한다. 같은 순서에 반복 사용하는 것이 효과적이다.

단원 주제

하나님이 약속하셨어요.

단원 암송

아브라함이 하나님을 믿었어요.

성경이 무엇을 말하느냐 아브라함이 하나님을 믿으매 그것이 그에게 의로 여겨진 바 되었느니라(롬 4:3).

7

하나님이 아브라함과 언약을 맺으셨어요

창 12:1~3, 15:1~21; 17:1~9

가스펠 포인트

하나님이 아브라함에게 약속하셨어요.
하나님은 언제나 약속을 지키세요.
하나님은 예수님을 아브라함의 자손으로 보내겠다고 약속하셨어요.

단원 주제

하나님이 약속하셨어요.

단원 암송

아브라함이 하나님을 믿었어요(롬 4:3).

본문 속으로

이 단원에서는 언약을 맺으시는 하나님을 만나게 됩니다. 홍수 이후 하나님은 노아와 그의 가족, 그리고 모든 생물과 언약을 맺으셨습니다. 하나님은 다시는 온 땅을 물로 덮지 않겠다고 약속하시고, 자신의 언약을 확정하기 위해 하늘에 무지개를 두셨습니다(창 9:8~17 참조). 하나님이 노아와 맺으신 언약은 무조건적이었습니다. 노아에게는 언약을 이행할 어떠한 책임도 없었습니다.

세월이 흘러 노아의 가족은 수가 많아졌습니다. 노아의 아들 셈도 자식을 낳았습니다. 셈의 10대손이 아브람입니다(창 11:10~26 참조). 아브람은 아내 사래와 아버지 데라, 그리고 조카 롯과 함께 가나안을 향해 길을 떠났습니다. 아브람이 75세가 되었을 때, 하나님은 그에게 가족과 고향을 뒤로하고 하나님이 지시하신 곳으로 가라고 하셨습니다. 하나님은 아브람의 자손 중 하나를 통해 온 세상에 복을 주겠다는 언약을 아브람과 맺으셨습니다(창 12:1~3). 믿음으로 아브람은 순종했습니다.

하나님이 아브람과 맺으신 언약은 무조건적이었습니다. 아브람의 시대에는 두 사람이 계약을 체결할 때, 동물을 반으로 쪼개어 놓고 양 당사자가 그 사이로 걸어가며 "만일 내가 계약에 따른 책임을 다하지 않으면 이 죽은 동물과 같이 될 것이다"라고 말하게 되어 있었습니다(창 15장 참조). 그런데 이번에는 연기 나는 화로와 타오르는 횃불만 동물들 사이를 지나갔습니다. 이것은 하나님만 이 계약을 지킬 의무가 있음을 보여 주신 것입니다.

99세가 되었을 때에도 아브람에게는 여전히 자녀가 없었습니다. 아브람에게 자녀가 하나도 없는데, 하나님은 아브람의 자손이 하늘의 별과 같이 많아질 것이라는 약속을 어떻게 지키실 수 있을까요? 그러나 하나님은 언약을 진지하게 생각하셨습니다. 하나님은 언제나 약속을 지키는 분이십니다. 하나님은 심지어 아브람의 이름마저 '아브라함'으로 바꾸셨습니다. 아브라함은 '여러 민족의 아버지'라는 뜻입니다.

●● 티칭 포인트

하나님은 반드시 약속을 지키는 신실하신 분이라는 것을 아이들에게 가르쳐 주십시오. 하나님은 아브라함을 통해 온 세상에 복을 주겠다고 약속하셨고, 때가 되자 예수님이 아브라함의 자손으로 태어나셨습니다(갈 4:4~5). 하나님이 아브라함에게 하신 약속을 예수님이 성취하신 것입니다(갈 3:8 참조). 예수님은 죄인들을 구원하기 위해 세상에 오셨습니다. 예수님을 통해 땅의 모든 나라가 복을 받게 되었습니다.

이야기 성경

하나님이 아브라함과 언약을 맺으셨어요

창 12:1~3, 15:1~21, 17:1~9

옛날에 아브람과 그의 아내 사래가 살았어요. 그들은 가족과 친척과 친구들 곁에서 살았지요. 어느 날 아브람에게 아주 특별한 일이 일어났어요. 하나님이 아브람에게 말씀하신 거예요! 하나님은 세상 모든 사람 중에서 아브람을 선택해 그와 언약을 맺으셨어요.

하나님은 아브람에게 한 번도 가 보지 않은 곳으로 이사를 가라고 말씀하셨어요. 아브람에게 자손이 많이 생길 것이라는 말씀도 하셨지요. 자손이 많다는 것은 아브람이 아이를 많이 낳고, 그 아이들도 아이들을 많이 낳아서 손자의 손자까지 많아진다는 뜻이에요. 하나님은 아브람의 자손으로 태어난 사람이 매우 많아서 아주 큰 나라가 될 것이라고 하셨지요. 하나님은 그들에게 살아갈 땅도 주실 것이고, 모두가 아브람이 누구인지 알게 될 것이라고 말씀하셨어요.

아브람은 하나님께 순종했어요. 하나님이 어떻게 자신에게 많은 자손을 주실지는 알 수 없었지만, 하나님이 약속을 지키실 것이라고 믿었어요.

어느 날 하나님이 아브람을 다시 찾아오셨어요. 하나님은 아브람에게 큰 상을 주겠다고 말씀하셨어요. 아브람은 하나님께 여쭈었어요. "제가 죽으면 그 상을 누가 갖겠습니까? 제게는 자식이 없습니다. 제가 가진 것은 모두 제 하인들 중 한 사람이 물려받게 될 것입니다." 그러자 하나님은 아브람을 밖으로 데리고 나가 말씀하셨어요. "하늘을 보아라. 저 별들을 셀 수 있겠느냐? 네 자손도 이와 같이 많을 것이다." 그런데 그때 아브람은 할아버지가 되어 가고 있었어요! 아내인 사래는 할머니가 되어 가고 있었고요! 할머니가 아기를 낳을 수 있을까요? 하지만 아브람은 그렇게 될 것이라고 믿었어요. 하나님이 말씀하셨기 때문이지요.

하나님은 아브람에게 땅도 주겠다고 약속하셨어요. 하나님은 자신이 반드시 약속을 지킬 것이라는 표시로 특별한 의식을 행하셨어요. 먼저, 하나님은 아브람에게 암소, 암염소, 숫양, 산비둘기, 집비둘기 새끼를 가져오라고 말씀하셨어요. 아브람은 하나님이 시키시는 대로 했어요. 해가 지자 연기 나는 화로와 타오르는 횃불이 나타나 동물들 사이로 지나갔어요. 하나님이 언약을 지킬 책임이 아브람에게 있지 않고 하나님께 있다는 뜻을 보여 주신 거예요.

아브람이 99세가 되었을 때 하나님이 아브람에게 다시 말씀하셨어요. "네 이름을 '아브라함'으로 바꾸겠다. 너는 많은 자손의 아버지가 될 것이다. 네 자손은 많은 나라를 이룰 것이며, 그중에는 왕도 있을 것이다. 나는 그들에게 지금 네가 살고 있는 이 땅을 주고, 그들의 하나님이 되겠다. 내 약속은 영원히 계속될 것이다."

●● 예수님 생각하기

하나님은 아브라함을 불러 자기 고향을 떠나 다른 나라로 가라고 하셨어요. 하나님은 아브라함을 통해 세상 모든 사람에게 복을 주겠다고 약속하셨어요. 예수님도 하늘나라를 떠나 땅에 있는 아브라함의 자손으로 오셨어요. 예수님은 사람들을 죄에서 구원하심으로써 땅의 모든 사람에게 복을 주세요.

가스펠 준비

싱글벙글 — 환영해요

USB

"기뻐하리라"(지도자용 팩)를 튼다. 아이들을 반갑게 맞이하며 헌금과 기도를 도와준다. 예배 중에 헌금 순서가 있다면 헌금을 잘 간수하도록 돕는다. 가방과 옷을 정리하도록 안내한다. 새로 온 아이에게는 음수대와 화장실의 위치를 알려 주고, 보호자와 만나는 시간과 방법 등을 소개한다. 보호자를 위한 안내문을 붙여 끝나는 시간, 기다리는 장소, 헌금 방법, 아이에 대한 특별한 주의 사항을 교사에게 미리 알려 달라는 당부 등을 공지한다.

너랑 나랑 — 마음 열기

아이들이 편안하고 친숙하게 하나님께 마음을 열고, 하나님을 알아 가도록 돕는 놀이 환경을 제공한다. 흥미를 유발할 수 있는 놀잇감으로 자유 놀이 영역을 구성한다. 단원별 공통 활동에 각 과의 주제와 연결된 활동 영역을 추가하여 아이들이 자유롭게 선택하게 한다. 충분히 활동할 수 있도록 20분 정도의 시간을 할애하는 것이 좋다.

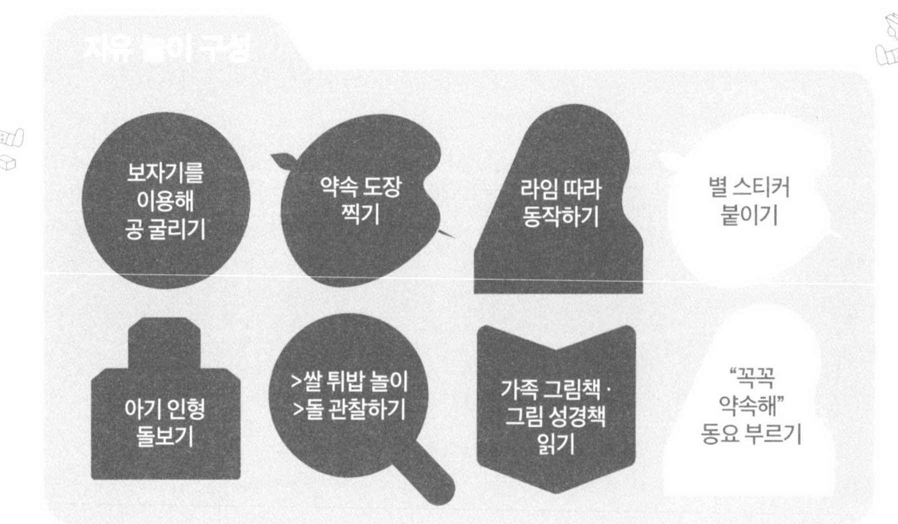

별 스티커 붙이기

준비물 ▶ 검은색 도화지, 별 모양 스티커

❶ 아이들에게 검은색 도화지를 한 장씩 나누어 준다.

❷ 별 모양 스티커를 적당히 나누어 주고 검은색 도화지에 별 모양 스티커를 붙여 깜깜한 밤하늘의 별을 표현해 볼 수 있도록 지도한다.

인도자 여기 까만색 도화지가 있어요. 깜깜한 밤하늘 같네요. 밤하늘에 반짝반짝 빛나는 별을 만들어 줄까요? 별 모양 스티커를 이용해 예쁘게 꾸며 주세요. **하나님은** 아브라함에게 하늘에 있는 별과 같이 많은 자손을 주겠다고 **약속하셨어요.** 하늘의 별은 아주 많아서 다 셀 수가 없답니다.

"꼭꼭 약속해" 동요 부르기

준비물 ▶ "꼭꼭 약속해" 동요 음원, 음원 재생 기기(CD플레이어, 스마트폰 등)

❶ "꼭꼭 약속해" 동요를 틀어 주고 다 같이 손뼉을 치며 불러 본다.

❷ 후렴을 부를 때는 2명씩 짝을 지어 새끼손가락을 걸어 약속하는 동작을 하게 한다.

인도자 "꼭꼭 약속해" 동요를 불러 볼까요? 시작! "너하고 나는 친구 되어서 사이좋게 지내자 새끼손가락 고리 걸고 꼭꼭 약속해!" 우리는 약속을 할 때 어떻게 하지요? 그래요! 새끼손가락을 고리 걸어서 흔들어 주지요. 선생님과 약속해 볼까요? [서로 새끼손가락의 고리를 걸 수 있도록 2명씩 짝을 지어 준다.] 우리 서로 약속해 보아요. [동요를 부르며] "꼭꼭 약속해". 하나님이 아브라함에게 약속해 주신 것이 있어요. 아브라함에게 많은 자손을 주겠다고 **하나님이 약속하셨어요.**

- 카운트다운 영상, 모이기 노래 등을 활용해 설교 대형으로 바꾸고 마음을 준비하게 한다.

가스펠 설교

하나 — 성경 이야기

• 별 관찰하기 : 마분지에 압정을 이용해 구멍을 뚫어 둔다. 예배실의 조명을 어둡게 하고 구멍 뚫린 마분지를 천장으로 향하게 한 후 손전등으로 뒷면을 비추어 밤하늘의 별을 표현해 본다. 과장된 목소리로 "하나, 둘, 셋, 넷…" 별을 세는 척하다가 포기한다. 하늘의 별이 도저히 셀 수 없을 정도로 많다고 말해 준다.

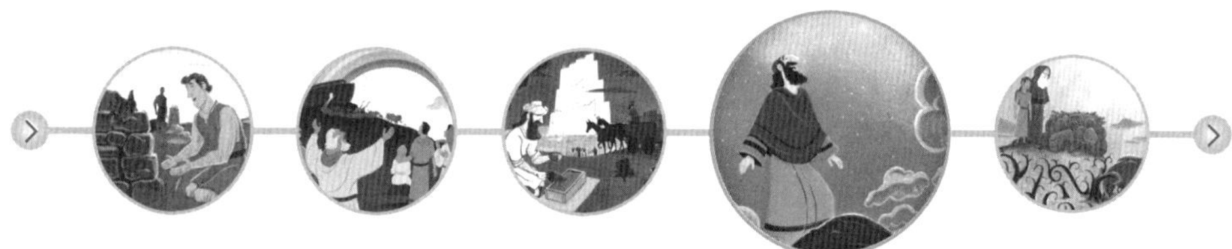

USB

아이들에게 성경을 나눠 주고 펼치게 한다. 제목을 말하고, 성경 본문의 핵심 부분을 읽어 준다. 말씀 듣기 시간을 알려 주는 찬양을 부른 후 성경 이야기를 읽어 주거나 설교 영상(지도자용 팩)을 보여 준다.

오래전 하나님은 아브람과 아주 특별한 약속을 하셨어요. 하나님은 아브람에게 한 번도 가 본 적 없는 곳으로 떠나라고 말씀하셨어요. 그곳에서 아브람은 아이를 많이 낳고, 그 아이들도 아이를 많이 낳게 될 거예요. 아브람은 하나님께 순종했어요. 하지만 아브람에게는 아직 아이가 없었지요. 하나님은 아브람에게 하늘을 보여 주셨어요. "저 별들을 셀 수 있겠느냐? 언젠가 네 자손도 저렇게 많아질 것이다." 아브람은 하나님을 믿었어요. 하나님은 항상 진짜만 말씀하시니까요. 아브람이 99살이 되었을 때 하나님이 말씀하셨어요. "네 이름은 이제 아브라함이다. 너는 많은 나라의 아버지가 될 것이다. 내가 그들의 하나님이 되어 주겠다. 네 자손을 통해 온 세상이 복을 받게 하겠다. 내 약속은 영원히 계속될 것이다." 하나님은 예수님을 아브라함의 자손으로 보내기로 계획하셨어요.

둘 — 가스펠 포인트

하나님이 아브라함에게 약속하셨어요.
하나님은 언제나 약속을 지키세요.
하나님은 예수님을 아브라함의 자손으로 보내겠다고 약속하셨어요.

"동무들아"의 곡에 맞춰 다음 가사로 노래를 부르며 메시지를 정리한다.

♪

하나님은 언제나 약속을 지키세요
하나님은 약속을 지키세요
약속을 지키시는 하나님을 믿어요
하나님은 약속을 지키세요.

하나님이 아브라함에게 **약속하셨어요.** 약속이란 어떤 일을 하겠다고 말하는 것을 의미해요. 하나님은 언제나 약속을 지키세요. 하겠다고 말씀하신 것은 반드시 하시는 분이 우리 하나님이세요.

셋 — 복음 초청

성경과 복음 초청 가이드(155쪽)를 이용해서 아이들에게 그리스도를 소개한다.

예수님을 믿고 싶은 친구는 함께 기도해요.

넷 — 기도

언제나 약속을 지키시는 하나님, 감사해요. 예수님을 보내겠다고 하신 약속을 지켜 주셔서 감사해요. 예수님 이름으로 기도합니다. 아멘.

다섯 — 암송송

2단원 암송송(157쪽)을 손유희와 함께 부르거나, 일부 구절 또는 간단하게 줄인 문장을 활용할 수 있다.

"성경이 무엇을 말하느냐 아브라함이 하나님을 믿으매 그것이 그에게 의로 여겨진 바 되었느니라"(롬 4:3).

"아브라함이 하나님을 믿었어요."

가스펠 활동

알콩달콩 소그룹

약속의 별을 세어 보아요

준비물 ▶ 영유아부 교재 16쪽, 41쪽 '별' 스티커

❶ 하늘의 별 하나하나에 손가락을 짚으며 수를 세어 보게 한다.

❷ 별이 아주 많다는 것을 표현해 보게 한다.

❸ 영유아부 교재 41쪽 '별' 스티커를 별 위에 붙이며 다시 별을 세어볼 수 있도록 지도한다.

tip 형광 별 스티커를 활용하면 더 효과적이다. 이때 예배실 조명을 어둡게 한 후 밝게 빛나는 별을 관찰한다.

인도자 **하나님이** 아브라함의 자손이 별과 같이 많아질 것이라고 **약속하셨어요.** 하나님은 언제나 약속을 지키세요! 하나님은 예수님을 아브라함의 자손으로 보내기로 계획하셨어요.

밤하늘에 많은 별을 만들어요

준비물 ▶ 검은색 도화지, 노란색 물감, 면봉

❶ 아이들에게 검은색 도화지를 나누어 주고 깜깜한 밤하늘을 생각해 보라고 한다.

❷ 깜깜한 밤하늘에 많은 별을 만들자고 한다.

❸ 면봉에 노란색 물감을 묻혀 검은색 도화지에 찍어 별을 표현하도록 지도한다.

인도자 **하나님이 약속하셨어요.** 하나님은 아브라함에게 하늘의 별과 같이 많은 자손을 주겠다고 약속하셨어요! 하나님은 언제나 약속을 지키세요.

들락날락 놀이를 해요

❶ 아이들에게 '들락날락 놀이'를 할 텐데, '들락날락'이라는 말은 '자꾸 들어왔다 나갔다 하는 모양'을 뜻하는 말이라고 설명해 준다.

❷ 아이와 손을 맞잡고 자리에 앉아 '들락날락', '들락날락' 운율에 맞추어 몸을 앞뒤로 흔든다.

❸ '들락날락' 운율에 맞추어 "하나님이 아브라함과 약속하셨어요. 하나님은 약속을 꼭 지키세요"라고 이야기해 준다.

인도자 **하나님이** 아브라함에게 **약속하셨어요.** 하나님은 아브라함에게 고향을 떠나 먼 곳으로 가라고 하셨어요. 하나님은 아브라함에게 하늘의 별과 같이 많은 자손을 주겠다고 약속하셨어요! 하나님은 예수님을 아브라함의 자손으로 보내겠다고 약속하셨어요.

소곤소곤 꿀~꺽 간식

준비물 ▶ 별 모양 과자, 접시

❶ 아이들에게 주변을 정리하게 하고, 화장실에 가거나 물티슈 등을 이용해 손을 씻을 시간을 준다.

❷ 감사 기도를 드리고 별 모양 과자를 간식으로 나누어 준다. 간식을 먹으며, “하나님이 아브라함에게 약속하셨어요. 하나님은 약속을 지키세요. 하나님은 아브라함에게 많은 자손을 주셨어요”라고 이야기해 준다.

신나는 마무리

준비물 ▶ 영유아부 교재 15쪽 활동지, 37쪽 메시지 카드, 43쪽 ‘이야기 성경’ 스티커

❶ 활동지와 스티커, 메시지 카드를 나누어 주고 가족과 함께 오늘 배운 성경 이야기를 기억하라고 격려하며 가방을 정리해 준다.

가족과 활동해요

- ‘이야기 성경’ 스티커를 붙이며 말씀을 기억해요.
- 가족과 함께 맑은 날 밤하늘을 보면서 별을 세어 보세요. 언제나 약속을 지키시는 하나님에 관한 이야기를 나눠 보세요.
- 야광 별 스티커로 방을 꾸미고 밤마다 아브라함에게 주신 하나님의 약속을 기억해 보세요.
- 가족들이 서로서로 새끼손가락을 걸며 “하나님은 꼭꼭 약속을 지키세요!”라고 말해요.

❷ 축복과 파송의 메시지를 담은 찬양을 부르며 인사한다.

❸ 아이를 데리러 온 보호자에게 아이가 특별히 즐거워했거나 잘했던 활동들에 대해 이야기해 주고, 가정에서 활동지와 스티커, 메시지 카드를 활용해 말씀을 들려주도록 격려한다.

8

하나님이 아브라함을 시험하셨어요

(창 22:1~19)

가스펠 포인트

우리가 가장 사랑해야 할 분은 하나님이에요.
하나님은 언제나 약속을 지키세요.
하나님은 예수님을 아브라함의 자손으로 보내겠다고 약속하셨어요.

단원 주제

하나님이 약속하셨어요.

단원 암송

아브라함이 하나님을 믿었어요(롬 4:3).

본문 속으로

100살이 훌쩍 넘은 아브라함은 하나님으로부터 또 하나의 메시지를 받았습니다. 그것은 사실 시험이었습니다. 하나님은 아브라함에게 그의 아들, 약속의 아들인 이삭을 하나님이 일러주시는 산으로 데려가서 제물로 바치라고 지시하셨습니다. 그토록 오랜 세월을 기다려 얻은 아들을 말입니다!

그러나 아브라함은 순종했습니다. 아브라함은 다음 날 아침 일찍 일어나 길을 떠났습니다. 혹시 하나님이 마음을 바꾸실지 기다리지도 않고, 나귀에 안장을 얹고 장작을 챙겨 두 종과 아들을 데리고 하나님이 명령하신 대로 길을 떠났습니다. 그들은 사흘 동안 걸어서 하나님이 아브라함에게 제사를 드리라고 말씀하신 산에 도착했습니다. 아브라함은 종들에게 나귀와 함께 기다리라고 말한 뒤에, 이삭과 함께 제사에 필요한 물건들을 들고 산에 올랐습니다.

이삭은 무엇인가가 빠졌다는 것을 알아차렸습니다. "장작도 있고, 불도 있는데 어린양은 어디 있습니까?"라고 이삭이 물었습니다. 아브라함은 하나님이 직접 제물을 준비하실 것이라고 대답했습니다. 그리고 하나님은 정말 그렇게 하셨습니다.

이쯤 되면, 아브라함은 '하나님은 무엇이든 하실 수 있는 분'이라 믿는 최고의 믿음을 가졌다고 할 수 있습니다. 우리는 히브리서 11장 19절을 통해 아브라함의 마음을 조금 엿볼 수 있습니다. "그가 하나님이 능히 이삭을 죽은 자 가운데서 다시 살리실 줄로 생각한지라."

하나님은 이삭 대신 번제물로 드릴 숫양을 준비해 놓으셨습니다. 이삭은 살려 두셨습니다. 예배를 드린 후 아브라함과 이삭은 집으로 돌아왔습니다. 그 예배야말로 대단히 감격스러운 예배였을 것입니다.

●● 티칭 포인트

우리가 비록 하나님의 계획을 다 이해할 수 없을 때에도 하나님은 늘 선하시고, 신실하시고, 모든 것을 다스리는 분이심을 아이들이 기억할 수 있도록 도와주십시오. 언약을 반드시 지키시는 하나님을 신뢰하는 모범을 보여 주십시오.

신약성경에서 하나님은 세례 요한을 통해 "어린양은 어디 있습니까?"라는 이삭의 질문에 대한 최종적인 대답을 주십니다. "보라 세상 죄를 지고 가는 하나님의 어린양이로다"(요 1:29). 하나님은 아브라함을 위해 숫양을 준비해 두셨지만, 온 인류를 위해서는 자신의 아들 예수 그리스도를 마지막 희생양으로 준비하셨습니다.

이야기 성경

하나님이 아브라함을 시험하셨어요

창 22:1~19

하나님은 아브라함에게 많은 자손을 주겠다고 약속하셨어요. 그런데 하나님이 아브라함과 사라에게 아들 이삭을 주신 것은 그들이 할아버지, 할머니가 되고 난 다음이었어요. 하나님은 세상 모든 사람이 아브라함과 사라의 자손을 통해 복을 받을 것이라고 말씀하셨어요.

얼마 후 하나님은 아브라함에게 아들 이삭을 하나님이 말씀하시는 산으로 데리고 가 하나님께 제물로 바치라고 명령하셨어요.

오래전 구약성경 시대에는 하나님께 자신의 사랑을 표현하거나, 어떤 일로 감사를 드리고 싶거나, 또는 "하나님, 잘못했어요. 용서해 주세요"라고 말하고 싶은 사람은 하나님께 제물을 드렸어요. 바칠 것이 동물인 경우에는 동물을 죽게 해서 제물로 드렸지요. 사람들은 가장 좋은 동물을 골라 하나님께 바쳤어요. 그런데 이번에 하나님이 명령하신 것은 동물이 아니었어요. 하나님은 아브라함에게 아들 이삭을 제물로 바치라고 말씀하신 거예요.

아브라함은 이삭을 정말로 사랑했어요. 분명히 하나님은 이삭도 많은 자손을 갖게 될 것이라고 약속하셨어요. 그런데 아브라함이 이삭을 제물로 바친다면 하나님이 어떻게 그 약속을 지키실 수 있을까요? 아브라함은 하나님이 어떻게 하실지는 알 수 없었지만, 하나님이 이삭에 대해 하신 약속을 지키실 것이라고 확신했지요. 아브라함은 순종했어요.

아브라함은 다음 날 아침 일찍 일어나 이삭과 두 종을 데리고 나귀에 필요한 물건을 싣고 떠났어요. 사흘을 걷자 하나님이 아브라함에게 말씀하신 산에 도착했어요. 아브라함은 이삭만 데리고 산에 올라갔어요. "아버지! 하나님께 제물로 바칠 어린양은 어디 있나요?" 이삭이 묻자 아브라함이 대답했어요. "어린양은 하나님이 직접 준비하실 거란다."

아브라함은 제단을 쌓고 이삭을 하나님께 바치려고 했어요. 바로 그때 하늘에서 큰 목소리가 들렸어요. "아브라함아, 아브라함아! 그에게 아무 일도 하지 말라. 네가 하나밖에 없는 아들까지도 아끼지 않은 것을 보니 이제야 네가 하나님을 *경외하는 줄을 알겠다." 아브라함이 눈을 들어 보니, 아주 좋은 숫양 한 마리가 뿔이 수풀에 걸려 꼼짝 못하고 있었어요. 하나님이 이삭 대신 제물로 바칠 양을 미리 준비해 두신 거예요. 하나님과 아브라함, 이삭은 아브라함이 하나님을 세상에서 가장 사랑한다는 것을 분명히 알게 되었어요. 하나님은 아브라함에게 "너는 하늘의 별처럼, 바닷가의 모래알처럼 많은 자손을 갖게 될 것이다. 온 세상이 네 자손을 통해 복을 받게 하겠다"라고 말씀하셨어요.

●● 예수님 생각하기

아브라함은 하나님을 믿었어요. 하나님이 아들 이삭을 바치라고 하시자 아브라함은 기꺼이 드리려고 했어요. 그렇지만 이삭은 죽을 필

★경외 : 공경하고 두려워함

요가 없었어요. 하나님이 이삭을 대신할 숫양을 준비해 두셨기 때문이에요. 하나님은 세상을 죄에서 구원하기 위해 아들 예수님을 기꺼이 버리셨어요. 우리는 우리의 죄 때문에 죽을 필요가 없어요. 예수님이 우리 대신 죽어 주셨기 때문이에요.

가스펠 준비

싱글벙글 — 환영해요

USB

"기뻐하리라"(지도자용 팩)를 튼다. 아이들을 반갑게 맞이하며 헌금과 기도를 도와준다. 예배 중에 헌금 순서가 있다면 헌금을 잘 간수하도록 돕는다. 가방과 옷을 정리하도록 안내한다. 새로 온 아이에게는 음수대와 화장실의 위치를 알려 주고, 보호자와 만나는 시간과 방법 등을 소개한다. 보호자를 위한 안내문을 붙여 끝나는 시간, 기다리는 장소, 헌금 방법, 아이에 대한 특별한 주의 사항을 교사에게 미리 알려 달라는 당부 등을 공지한다.

너랑 나랑 — 마음 열기

아이들이 편안하고 친숙하게 하나님께 마음을 열고, 하나님을 알아 가도록 돕는 놀이 환경을 제공한다. 흥미를 유발할 수 있는 놀잇감으로 자유 놀이 영역을 구성한다. 단원별 공통 활동에 각 과의 주제와 연결된 활동 영역을 추가하여 아이들이 자유롭게 선택하게 한다. 충분히 활동할 수 있도록 20분 정도의 시간을 할애하는 것이 좋다.

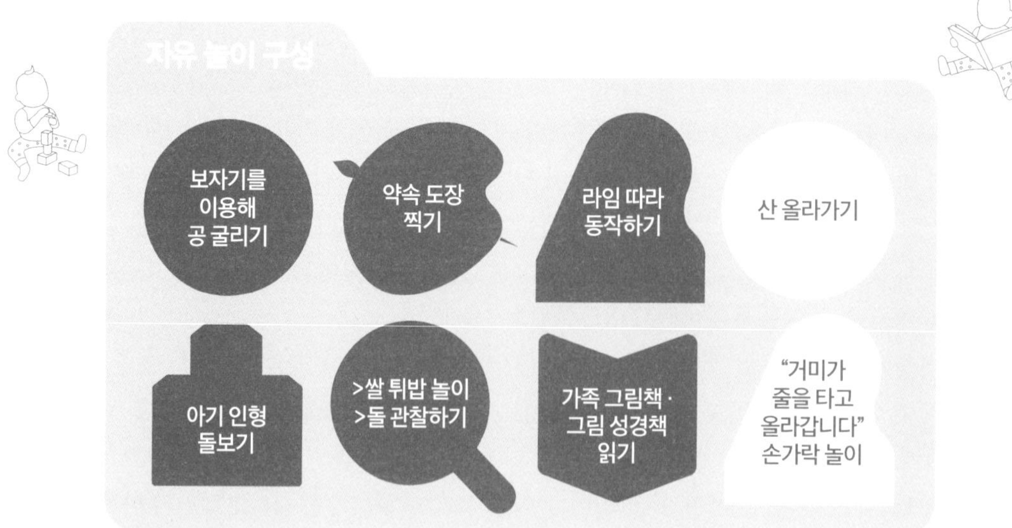

산 올라가기

준비물 ▶ 하드보드 그림책들, 사람 모형

❶ 책상 위에 하드보드 그림책들을 차곡차곡 쌓아 '산'을 만들어 둔다.

❷ 사람 모형을 이용해 산을 오르내리는 놀이를 할 수 있도록 지도한다.

인도자 그림책들을 쌓아 산처럼 만들어 볼 거예요. 정말 멋진 산이 완성되었어요. 잘했어요! 이제 산에 올라가 볼까요? [사람 모형을 잡고] 영차영차 산 위로 높이높이 올라가요. 아브라함과 이삭은 하나님을 얼마나 사랑하는지 보여 드리려고 아침 일찍 산에 올라갔어요.

"거미가 줄을 타고 올라갑니다" 손가락 놀이

❶ "거미" 동요를 다 같이 불러 본다.

❷ "거미" 동요에 맞추어 검지와 중지를 번갈아 앞으로 움직여 거미가 줄을 타고 올라가는 흉내를 낸다. 이번에는 동요에 맞추어 아이의 손등에서부터 시작해 어깨까지 움직인다.

❸ 모든 아이에게 거미가 줄을 타고 올라가는 손가락 놀이를 해 주고, 서로에게 해 볼 수 있도록 지도한다.

인도자 선생님이랑 손가락 놀이를 해 볼까요? [손가락을 움직이며 "거미가 줄을 타고 올라갑니다~" 라고 노래를 부른다.] 아브라함과 이삭은 하나님을 얼마나 사랑하는지 보여 드리려고 산에 올라갔어요. [손가락 놀이를 하며] "거미가 산으로 올라갑니다. 거미가 산으로 올라갑니다."

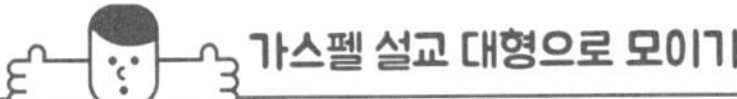

- 카운트다운 영상, 모이기 노래 등을 활용해 설교 대형으로 바꾸고 마음을 준비하게 한다.

가스펠 설교

하나 — 성경 이야기

• 실험하기 : 책상에 수건을 깔고 물을 담은 작은 통을 올려 둔다. 아이들에게 돌멩이나 장난감 배, 종잇조각 등을 물에 올리면 뜰지, 가라앉을지 물어본다. 아이들에게 그 물건들을 건네고 직접 실험해 보게 한다. 시간 여유가 있다면 여러 물건들로 실험해 본다.

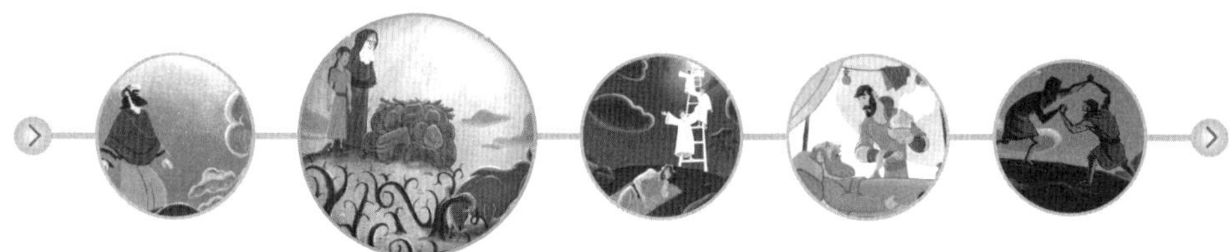

USB

아이들에게 성경을 나눠 주고 펼치게 한다. 제목을 말하고, 성경 본문의 핵심 부분을 읽어 준다. 말씀 듣기 시간을 알려 주는 찬양을 부른 후 성경 이야기를 읽어 주거나 설교 영상(지도자용 팩)을 보여 준다.

아브라함과 그의 아내 사라는 나이가 아주 많을 때 아들 이삭을 낳았어요. 하나님은 예수님을 이 땅에 보내려는 특별한 계획에 이삭도 함께할 것이라고 말씀하셨어요. 어느 날, 하나님은 아브라함이 세상에서 하나님을 가장 사랑하는지 알고 싶으셨어요. 아브라함이 살던 시대의 사람들은 하나님께 동물이나 곡식을 '제물'로 드렸어요. 하나님은 아브라함에게 아들 이삭을 제물로 바치라고 말씀하셨어요. 아브라함은 순종했어요. 아브라함과 이삭은 산에 올라가 제단을 쌓았어요. 그러자 하늘에서 아브라함을 부르는 목소리가 들렸어요. "아브라함아, 네 아들 이삭을 제물로 바치지 마라." 하나님은 이삭 대신 제물로 바칠 숫양 한 마리를 보내셨어요. 하나님은 아브라함이 하나님을 세상에서 가장 사랑하는 것을 아셨어요.

둘 — 가스펠 포인트

우리가 가장 사랑해야 할 분은 하나님이에요.
하나님은 언제나 약속을 지키세요.
하나님은 예수님을 아브라함의 자손으로 보내겠다고 약속하셨어요.

"동무들아"의 곡에 맞춰 다음 가사로 노래를 부르며 메시지를 정리한다.

♪

하나님은 언제나 약속을 지키세요
하나님은 약속을 지키세요
약속을 지키시는 하나님을 믿어요
하나님은 약속을 지키세요.

하나님이 아브라함에게 **약속하셨어요.** 사람은 하나님을 가장 사랑해야 해요. 아브라함은 하나님을 사랑하기 때문에 하나님께 순종했어요. 아브라함은 하나님이 언제나 약속을 지키시는 분이라고 믿었어요.

셋 — 복음 초청

성경과 복음 초청 가이드(155쪽)를 이용해서 아이들에게 그리스도를 소개한다.

예수님을 믿고 싶은 친구는 함께 기도해요.

넷 — 기도

아브라함처럼 우리도 약속을 지키시는 하나님을 사랑하게 해 주세요. 예수님 이름으로 기도합니다. 아멘.

다섯 — 암송송

2단원 암송송(157쪽)을 손유희와 함께 부르거나, 일부 구절 또는 간단하게 줄인 문장을 활용할 수 있다.

"성경이 무엇을 말하느냐 아브라함이 하나님을 믿으매 그것이 그에게 의로 여겨진 바 되었느니라"(롬 4:3).

"아브라함이 하나님을 믿었어요."

가스펠 활동

알콩달콩 소그룹

제물이 될 숫양을 찾아요

준비물 ▶ 영유아부 교재 18쪽, 색연필

❶ 하나님이 이삭 대신 제물로 바칠 양을 준비해 두셨다고 이야기한다.

❷ 그림에서 풀숲에 숨어 있는 숫양을 찾아 손가락으로 가리키라고 하고, 색연필을 이용해 ○표 하게 한다.

인도자 **하나님이 약속하셨어요.** 아브라함은 하나님의 약속을 받았어요. 하나님은 언제나 약속을 지키세요. 우리가 가장 사랑해야 할 분은 하나님이에요. 아브라함은 하나님을 사랑했고 하나님께 순종했어요. 하나님은 순종한 아브라함에게 이삭 대신 제물로 바칠 수 있도록 숫양 한 마리를 보내 주셨어요. 하나님은 예수님을 아브라함의 자손으로 보내겠다고 약속하셨어요.

소중한 것을 드려요

준비물 ▶ 다양한 물건 모양 스티커, 흰색 도화지, 작은 상자

❶ 아이들에게 다양한 물건 모양 스티커를 보여 주고, 자신이 소중하게 생각하는 물건이 무엇인지 차례로 이야기를 나누어 본다.

❷ 소중히 여기는 물건 모양 스티커 떼어 내 흰색 도화지에 붙이라고 한다.

❸ "소중히 여기는 그 물건을 하나님께 드릴 수 있나요?"라고 물어본다.

❹ 아이가 드릴 수 있다고 대답하면 ❷를 작은 상자에 넣는다. 만약 드리기 어렵다고 대답하면 그대로 두고 하나님께 소중한 물건도 드릴 수 있는 믿음을 달라고 같이 기도한다.

인도자 **하나님이 약속하셨어요.** 아브라함은 자신의 가장 소중한 아들 이삭을 하나님께 제물로 바치라는 말씀에 순종했어요. 하나님을 사랑하기 때문에 하나님께 순종했어요. 아브라함은 순종했고, 하나님은 그에게 이삭 대신 제물로 바칠 숫양을 보내 주셨어요. 하나님은 이삭의 자손으로 예수님을 보내기로 계획하셨어요.

영차, 영차 — **대그룹**

양 숨바꼭질을 해요

준비물 ▶ 양 인형, 보자기 여러 개

❶ 아이들에게 양 인형을 보여 주고 아이들이 보는 앞에서 보자기 밑에 숨기고 찾는 시범을 보여 준다.

❷ 아이들의 눈을 가리게 하고 "꼭꼭 숨어라" 동요를 함께 부른다. 예배실 곳곳에 양 인형을 놓고 보자기로 덮어 둔다. 다 숨겼으면 "다 숨겼다!"라고 외친다.

❸ 아이들에게 눈을 뜨고 양 인형을 찾아보라고 한다.

인도자 **하나님이** 아브라함에게 **약속하셨어요.** 우리가 가장 사랑해야 할 분은 하나님이에요. 아브라함은 하나님을 가장 사랑했어요. 하나님은 아브라함에게 이삭 대신 제물로 바칠 숫양 한 마리를 보내 주셨어요.

소곤소곤 꿀~꺽 간식

준비물 ▶ 유기농 솜사탕, 포크

❶ 아이들에게 주변을 정리하게 하고, 화장실에 가거나 물티슈 등을 이용해 손을 씻을 시간을 준다.

❷ 감사 기도를 드리고 유기농 솜사탕을 포크에 찍어서 나누어 준다. 간식을 먹으며 솜사탕이 마치 양털처럼 부드럽다고 이야기한다. "아브라함은 하나님을 사랑했고 하나님께 순종했어요. 하나님은 순종한 아브라함에게 이삭 대신 제물로 바칠 수 있도록 숫양 한 마리를 보내 주셨어요"라고 이야기한다.

신나는 마무리

준비물 ▶ 영유아부 교재 17쪽 활동지, 37쪽 메시지 카드, 43쪽 '이야기 성경' 스티커

❶ 활동지와 스티커, 메시지 카드를 나누어 주고 가족과 함께 오늘 배운 성경 이야기를 기억하라고 격려하며 가방을 정리해 준다.

가족과 활동해요

- '이야기 성경' 스티커를 붙이며 말씀을 기억해요.
- 사랑하는 아들을 하나님께 바치려 했던 아브라함의 마음은 어떠했을지 이야기를 나누어 보세요.
- 가족들이 서로서로에게 손으로 하트 모양을 만들어 보이며 "○○○은 하나님을 최고로 사랑해요!" 라고 말해요.
- 가족들 각자가 가지고 있는 가장 귀한 것이 무엇인지 생각해 본 후 "_____은 하나님이 주신 거예요!" 라고 말해요.

❷ 축복과 파송의 메시지를 담은 찬양을 부르며 인사한다.

❸ 아이를 데리러 온 보호자에게 아이가 특별히 즐거워했거나 잘했던 활동들에 대해 이야기해 주고, 가정에서 활동지와 스티커, 메시지 카드를 활용해 말씀을 들려주도록 격려한다.

9

하나님이 다시 약속하셨어요

[창 25:19~26, 26:1~6, 28:10~22]

가스펠 포인트

하나님은 아브라함과 이삭과 야곱에게 약속하셨어요.
하나님은 예수님을 아브라함의 자손으로 보내겠다고 약속하셨어요.
하나님은 언제나 약속을 지키세요.

단원 주제

하나님이 약속하셨어요.

단원 암송

아브라함이 하나님을 믿었어요(롬 4:3).

본문 속으로

아브라함과 언약을 맺으시면서, 하나님은 아브라함에게 땅과 자손과 이 세상 모든 나라에 대한 복을 약속하셨습니다(창 28:13~14). 하나님은 아브라함의 아들 이삭과 손자 야곱에게도 같은 약속을 하셨습니다(창 26:3~4, 28:13~14).

하나님은 아브라함과 그의 자손에게 계획을 가지고 계셨습니다. 이삭의 아내 리브가가 쌍둥이를 임신했을 때, 아기들은 리브가의 배 속에서 서로 다투었습니다. 하나님은 리브가에게 그들의 미래에 대해 설명해 주셨습니다. "큰 자(에서)가 작은 자(야곱)를 섬기게 될 것이다. 그들의 자손은 나뉘어 두 개의 큰 나라가 될 것이며, 야곱의 자손이 에서의 자손보다 더 강할 것이다."

이 말씀은 그대로 이루어졌습니다. 에서와 야곱은 사이가 좋지 않았습니다. 야곱은 아버지와 형을 속이고 당연히 장자에게 돌아갈 복을 가로챘습니다. 야곱은 형의 분노를 피해 외삼촌의 집으로 도망갔습니다.

도망가는 여정에서, 하나님은 꿈을 통해 야곱에게 말씀하셨습니다. 야곱은 하늘까지 닿는 사다리를 보았고, 하나님의 음성을 들었습니다. 하나님은 아브라함에게 하신 약속을 야곱에게도 하셨고, 그가 어디를 가든지 함께하겠다는 약속도 하셨습니다. 야곱은 한 나라의 조상이 될 것이었습니다. 그는 아들을 열두 명 낳을 것이고, 그 아들들은 이스라엘 열두 지파의 시조가 될 것이기 때문입니다. 하나님은 이스라엘이라는 이 나라를 통해 아브라함과 이삭, 야곱에게 하신 약속을 지키실 것입니다. 이 나라를 통해 아들 예수님을 온 세상의 구주로 보내실 것입니다.

바벨탑을 짓던 사람들을 떠올려 보십시오. 사람들은 꼭대기가 하늘까지 닿는 높은 탑을 쌓고자 했지만, 실패로 끝나고 말았습니다. 그러나 예수님은 하늘과 땅 사이를 연결하는 다리가 되십니다(요 1:51 참조). 야곱이 꿈에서 본 사다리처럼 말입니다.

●● 티칭 포인트

아이들에게 약속을 지키시는 하나님을 소개해 주십시오. 하나님의 약속대로 성자 하나님이 이 땅에 아기로 오셨습니다. 그분은 임마누엘, 즉 '우리와 함께하시는 하나님'이십니다. 예수님은 죄인들을 구하시기 위해 세상으로 내려오셨습니다. 죄는 하나님과 사람 사이를 갈라놓았지만, 사람들이 그들의 죄에서 돌이켜 예수님을 믿으면 예수님은 그들을 하나님의 가족이 되게 하십니다.

이야기 성경

하나님이 다시 약속하셨어요

창 25:19~26, 26:1~6, 28:10~22

하나님은 놀라운 계획을 세우셨어요. 아브라함과 그의 자손을 통해 온 세상이 복을 받게 하시려는 계획이었지요. 하나님은 아브라함에게 이 계획을 알려 주셨어요. 아브라함의 자녀들과 자녀들의 자녀들이 아주 많아져 아무도 셀 수 없을 것이라고 하셨지요. 그들은 큰 나라가 될 것이었어요. 큰 나라의 국민에게는 살 땅이 필요하지요. 그래서 하나님은 아브라함이 살고 있던 땅을 그의 자손에게 주겠다는 약속도 하셨어요. 하나님은 세상 모든 사람이 아브라함의 이름을 알게 되고, 그로 인해 복을 받을 것이라고 약속하셨어요.

아브라함은 아마 아들 이삭과 손자 야곱에게 하나님의 약속에 대해 말해 주었을 거예요. 그런데 하나님은 이삭과 야곱을 직접 찾아가 똑같은 약속을 해 주셨지요. 그들은 하나님이 어떤 일을 하실지 짐작할 필요가 없었어요.

하나님이 이삭을 만나셨을 때는 비가 내리지 않아 먹을 것이 없는 힘든 시기였어요. 하나님은 이삭에게 먹을 것을 구하려고 가족들을 데리고 다른 곳으로 가지 말라고 말씀하셨어요. 왜냐하면 그들이 살고 있는 땅이 언젠가 그들 자손의 땅이 될 것이었기 때문이지요. 하나님은 이삭의 아버지 아브라함에게도 같은 약속을 하셨어요. 하나님은 이삭이 하늘의 별처럼 수많은 자손을 갖게 될 것이라고 말씀하셨어요. 세상 모든 사람이 그의 자손을 통해 복을 받을 것이라는 약속도 하셨지요.

하나님은 이삭의 아들 야곱에게도 같은 약속을 하셨어요. 야곱은 집에서 멀리 도망가는 중이었어요. 형 에서를 속인 일로 에서가 몹시 화를 냈기 때문이에요. 밤이 되자 야곱은 들에서 돌을 베개 삼아 잠을 청했어요. 잠을 자던 야곱은 꿈속에서 하늘까지 닿는 사다리를 보았어요. 천사들이 그 사다리 위를 오르락내리락하고 있었지요. 그리고 사다리 위에서 하나님이 야곱에게 말씀하셨어요. 하나님은 아브라함과 이삭에게 하신 것과 똑같은 약속을 야곱에게 하셨어요. "네가 어디를 가든지 내가 항상 너와 함께하며 너를 돌보겠다."

다음 날 아침, 야곱은 자기가 베고 잤던 돌을 가져다가 세우고 기름을 부었어요. 하나님을 만난 장소를 기억하기 위해서였지요. 야곱은 그곳을 '벧엘'이라고 불렀어요. "하나님이 저와 함께하시면서 저를 지켜 주신다면 하나님을 제 하나님으로 섬기겠습니다."

● ● 예수님 생각하기

하나님은 아브라함과 그의 가족을 위한 아주 좋은 계획을 세우셨어요. 이 계획은 아브라함의 자녀들의 자녀들을 위한 것이기도 했어요! 오랜 세월이 흐른 뒤 예수님이 아브라함의 자손으로 태어나셨어요. 예수님은 사람들을 죄에서 구원하시고 그들과의 관계를 회복하시려는 하나님의 계획이었어요.

USB

“약속”(지도자용 팩)을 튼다. 아이들을 반갑게 맞이하며 헌금과 기도를 도와준다. 예배 중에 헌금 순서가 있다면 헌금을 잘 간수하도록 돕는다. 가방과 옷을 정리하도록 안내한다. 새로 온 아이에게는 음수대와 화장실의 위치를 알려 주고, 보호자와 만나는 시간과 방법 등을 소개한다. 보호자를 위한 안내문을 붙여 끝나는 시간, 기다리는 장소, 헌금 방법, 아이에 대한 특별한 주의 사항을 교사에게 미리 알려 달라는 당부 등을 공지한다.

너랑 나랑 마음 열기

아이들이 편안하고 친숙하게 하나님께 마음을 열고, 하나님을 알아 가도록 돕는 놀이 환경을 제공한다. 흥미를 유발할 수 있는 놀잇감으로 자유 놀이 영역을 구성한다. 단원별 공통 활동에 각 과의 주제와 연결된 활동 영역을 추가하여 아이들이 자유롭게 선택하게 한다. 충분히 활동할 수 있도록 20분 정도의 시간을 할애하는 것이 좋다.

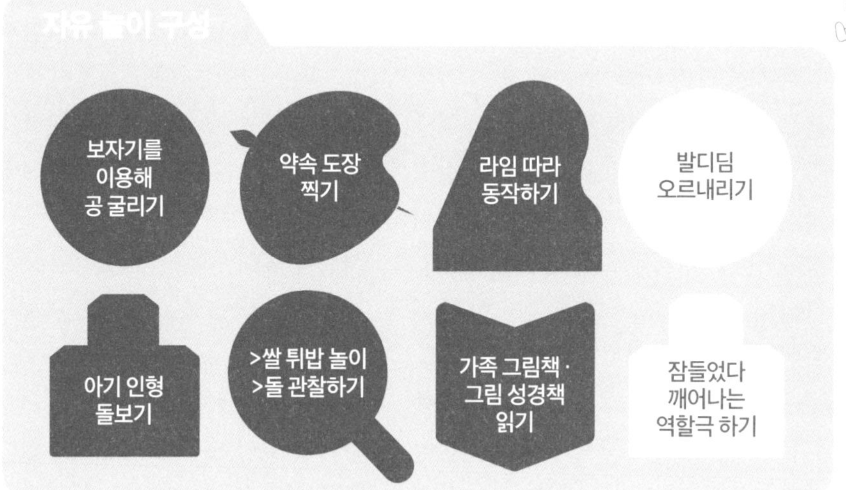

발디딤 오르내리기

준비물 ▶ 2단 발디딤

❶ 2단 발디딤을 안전하게 사용할 수 있도록 예배실 한쪽 벽에 붙여 둔다.

❷ 아이의 손을 잡고 발디딤을 오르내릴 수 있도록 도와준다.

인도자 선생님의 손을 잡고 계단을 올라가 볼까요? 이제 내려와 볼까요? 야곱은 꿈에 하늘로 올라가는 계단을 보았어요. **하나님이** 야곱과 함께하겠다고 **약속하셨어요.**

잠들었다 깨어나는 역할극 하기

준비물 ▶ 베개, 알람시계(휴대전화의 알람 기능)

❶ 베개를 베고 잠들었다 깨어나는 역할극을 해 보자고 한다.

❷ 베개를 베고 누워서 눈을 감으라고 한다.

❸ 알람 소리가 들리면 눈을 뜨고 기지개를 켜며 일어나라고 한다.

인도자 우리는 잠을 잘 때 어떻게 하지요? 베개를 베고 눈을 감고 잠을 자요. 베개를 베고 잠이 들어 볼까요. [알람 소리가 들린다.] 알람 소리가 들려요! 모두 잠자리에서 일어나세요. 우리가 잠을 자는 동안 하는 일이 있어요. 꿈을 꾸는 것이지요. 야곱은 꿈에서 하나님을 만났어요. **하나님이** 야곱과 함께하겠다고 **약속하셨어요.**

• 카운트다운 영상, 모이기 노래 등을 활용해 설교 대형으로 바꾸고 마음을 준비하게 한다.

가스펠 설교

하나 — 성경 이야기

• 성경 관찰하기 : 아이들에게 성경을 나누어 준다. 성경을 펴고 성경은 하나님의 말씀이 담겨 있는 책이라고 말해 준다. 손가락으로 하나님의 말씀을 가리키라고 한다. 하나님의 말씀은 모두 진짜라고 말해 준다.

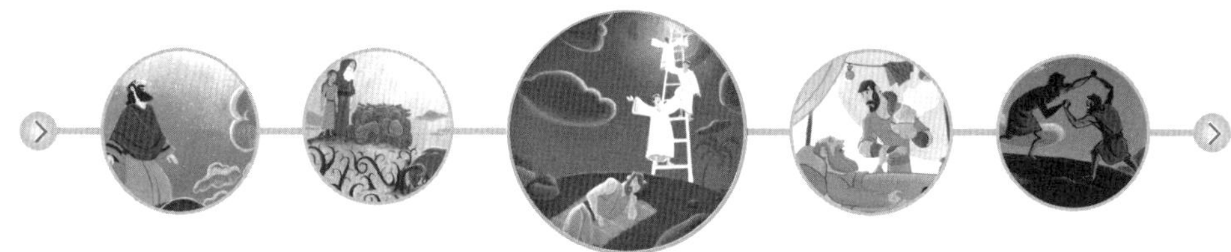

USB

아이들에게 성경을 나눠 주고 펼치게 한다. 제목을 말하고, 성경 본문의 핵심 부분을 읽어 준다. 말씀 듣기 시간을 알려 주는 찬양을 부른 후 성경 이야기를 읽어 주거나 설교 영상(지도자용 팩)을 보여 준다.

하나님은 아브라함에게 약속하셨어요. 그리고 아브라함의 자손에게도 같은 약속을 해 주셨지요. 하나님은 아브라함의 아들 이삭에게 가나안을 떠나지 말라고 말씀하셨어요. 가나안은 언젠가 그의 자손의 땅이 될 것이기 때문이에요. 하나님은 이삭의 자손에게 복을 주겠다고 약속하셨어요. 그리고 하나님은 이삭의 아들 야곱에게도 복을 주겠다고 약속하셨지요. 어느 날 밤, 집에서 도망쳐 나온 야곱은 들판에서 돌을 베고 잠이 들었어요. 꿈에 야곱은 땅에서 하늘까지 닿는 사다리를 보았어요. 하나님이 야곱의 곁에 서서 말씀하셨어요. "두려워하지 말라. 내가 너와 함께 있다." 우리는 하나님을 "아브라함의 하나님, 이삭의 하나님, 야곱의 하나님"이라고 불러요. 하나님은 아브라함의 자손이 하나님을 언제나 약속을 지키시는 분으로 믿기를 바라셨어요.

둘 — 가스펠 포인트

하나님은 아브라함과 이삭과 야곱에게 약속하셨어요.
하나님은 예수님을 아브라함의 자손으로 보내겠다고 약속하셨어요.
하나님은 언제나 약속을 지키세요.

"동무들아"의 곡에 맞춰 다음 가사로 노래를 부르며 메시지를 정리한다.

♪

하나님은 언제나 약속을 지키세요
하나님은 약속을 지키세요
약속을 지키시는 하나님을 믿어요
하나님은 약속을 지키세요.

하나님이 약속하셨어요. 하나님은 아브라함과 이삭과 야곱에게 약속하셨어요. 하나님은 언제나 약속을 지키세요.

셋 — 복음 초청

성경과 복음 초청 가이드(155쪽)를 이용해서 아이들에게 그리스도를 소개한다.

예수님을 믿고 싶은 친구는 함께 기도해요.

넷 — 기도

약속을 지키시는 하나님, 하나님이 약속하신 대로 예수님을 보내 주셔서 감사해요. 예수님 이름으로 기도합니다. 아멘.

다섯 — 암송송

2단원 암송송(157쪽)을 손유희와 함께 부르거나, 일부 구절 또는 간단하게 줄인 문장을 활용할 수 있다.

"성경이 무엇을 말하느냐 아브라함이 하나님을 믿으매 그것이 그에게 의로 여겨진 바 되었느니라"(롬 4:3).

"아브라함이 하나님을 믿었어요."

가스펠 활동

알콩달콩 소그룹

약속의 가족이 되어요

준비물 ▶ 영유아부 교재 20쪽, 가족사진, 풀, 색연필

tip 활동하기 1~2주 앞서 가족사진을 가져올 수 있도록 보호자에게 협조를 요청해 두고, 준비가 어렵다면 그림으로 가족을 표현하게 한다.

❶ 아이가 준비해 온 가족사진을 보면서 누구인지 물어보고 답하는 시간을 갖는다.

❷ 액자 틀에 풀을 칠하고 가족사진을 붙일 수 있도록 지도한다. 그림으로 대신해도 좋다.

tip 예배실에 가족 액자를 게시해 두는 것은 아이들이 예배를 드리는 동안 안정감을 높이는 데 도움이 된다.

인도자 **하나님이 약속하셨어요.** 하나님은 아브라함과 이삭과 야곱에게 많은 자손을 주고, 예수님을 아브라함의 자손으로 보내겠다고 약속하셨어요. 하나님은 언제나 약속을 지키세요.

나무 막대 가족 액자를 만들어요

준비물 ▶ 색깔 나무 막대, 가족사진, 글루건, 비즈·보석 스티커

❶ 색깔 나무 막대 4개를 사각형으로 연결한 후 4개의 꼭짓점 부분을 글루건으로 고정해 액자 틀을 만든다.

❷ 글루건을 이용해 아이들의 가족사진을 ❶에 붙인 후, 비즈·보석 스티커로 꾸밀 수 있도록 지도한다.

❸ 사진 속 가족들에게 "하나님이 함께하신다고 약속하셨어요"라고 말하게 한다.

인도자 **하나님이** 아브라함과 이삭과 야곱에게 많은 자손을 주겠다고 **약속하셨어요.** 예수님을 아브라함의 자손으로 보내겠다는 약속도 하셨어요. 하나님은 약속을 지키세요.

영차, 영차 — 대그룹

등에 업고 한 바퀴를 돌아요

❶ 아이를 한 명씩 업고 예배실을 천천히 한 바퀴 돈다.

❷ 아이들에게 "선생님이 여러분을 업고 걸은 것처럼 하나님은 언제나 우리와 함께하시며 약속을 지키시는 분이세요"라고 이야기해 준다.

인도자 **하나님은** 아브라함과 이삭과 야곱에게 많은 자손을 주겠다고 **약속하셨어요.** 하나님은 야곱에게 나타나 약속하시고 그 약속을 지키셨어요. 예수님을 아브라함의 자손으로 보내겠다는 약속도 하셨어요. 하나님은 언제나 약속을 지키세요.

소곤소곤 꿀~꺽 — 간식

준비물 ▶ 샌드 과자, 요구르트, 접시

❶ 아이들에게 주변을 정리하게 하고, 화장실에 가거나 물티슈 등을 이용해 손을 씻을 시간을 준다.

❷ 감사 기도를 드리고 샌드 과자와 요구르트를 간식으로 나누어 준다. 간식을 먹으며, "과자 2개가 꼭 붙어 있는 것처럼 하나님은 야곱과 함께 있겠다고 약속하셨어요. 하나님은 그 약속을 지키셨어요"라고 이야기한다.

신나는 — 마무리

준비물 ▶ 영유아부 교재 19쪽 활동지, 37쪽 메시지 카드, 43쪽 '이야기 성경' 스티커

❶ 활동지와 스티커, 메시지 카드를 나누어 주고 가족과 함께 오늘 배운 성경 이야기를 기억하라고 격려하며 가방을 정리해 준다.

가족과 활동해요

- '이야기 성경' 스티커를 붙이며 말씀을 기억해요.
- 가족사진을 보면서 "하나님은 ○○○을 사랑해요"라고 말해요.
- 손으로 십자가 모양을 만들며 "우리를 사랑하시는 하나님이 약속대로 예수님을 보내셨어요"라고 말해요.
- 성경을 보며 "성경에는 하나님의 약속이 들어 있어요. 하나님은 모든 약속을 지키세요"라고 말하고 성경에 뽀뽀해요.

❷ 축복과 파송의 메시지를 담은 찬양을 부르며 인사한다.

❸ 아이를 데리러 온 보호자에게 아이가 특별히 즐거워했거나 잘했던 활동들에 대해 이야기해 주고, 가정에서 활동지와 스티커, 메시지 카드를 활용해 말씀을 들려주도록 격려한다.

단원

언약을 지키시는 하나님

하나님은 아브라함과 맺으신 언약을 신실하게 지키셨습니다. 야곱의 죄에도 불구하고 하나님은 야곱과도 다시 언약을 맺어 주셨습니다. 하나님은 요셉을 사용하셔서 이스라엘 백성을 살리시고 이집트로 데려오셨습니다. 이것 역시 훗날 하나님의 구원의 능력을 영광스럽게 드러내기 위한 준비 과정이었습니다.

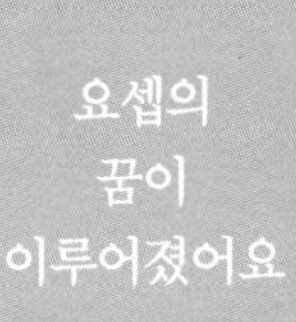

요셉의
꿈이
이루어졌어요

요셉이
이집트로
팔려 갔어요

놀이 영역 / 과	신체	쌓기 및 역할	미술	음률	감각 탐색	언어
공통	단원 암송 뛰기	플라스틱 블록 놀이		북소리에 맞춰 노래 부르기	팥 마라카스 놀이	>야곱·요셉에 관한 책 읽기 >"코코코" 놀이
10과			점토로 음식 만들기		야곱과 에서 찾기	보인다·안 보인다 놀이
11과	팔씨름 놀이				퍼즐 맞추기	
12과		절하기	크레파스 세기, 자유롭게 그리기			음식 카드 이야기 나누기
13과		지시문대로 인형 움직이기	하트 스티커 붙이기			

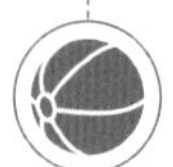

단원 암송 뛰기

준비물 ▶ 성경, 방석

아이를 가운데 두고 양쪽에 교사 2명이 서서 아이의 양손을 각각 잡는다. 교사들이 아이를 살짝 들어 방석을 깡총 뛰어넘게 한다. 방석을 뛰어넘으면 성경을 펴고 "두려워하지 말라. 내가 너와 함께 있다!"라는 하나님의 말씀을 들려준다. 하나님의 계획은 우리를 늘 지켜 주는 좋은 계획이라고 이야기한다.

플라스틱 블록 놀이

준비물 ▶ 플라스틱 블록

플라스틱 블록을 이용해 성경 이야기에 나오는 사물을 만들어 본다. 블록을 길게 연결하거나 세워 보는 활동도 좋다.

북소리에 맞춰 노래 부르기

준비물 ▶ 작은 북(소고, 아프리카 북 젬베 등)

"비행기" 동요를 다음 가사로 개사해 불러 본다. "하나님의 계획은 / 완벽해 완벽해! / 하나님의 계획은 / 아주 완벽해!" 동요가 익숙해지면 아이들에게 작은 북을 주고 북을 치면서 북소리에 맞추어 노래를 불러 보자고 한다. 아이들이 자유롭게 북을 연주해 볼 수 있도록 시간을 준다.

팥 마라카스 놀이

준비물 ▶ 투명 페트병 3개, 팥

3개의 페트병에 각각 양을 다르게(대, 중, 소) 팥을 넣어 팥 마라카스 악기를 만든다. 아이들에게 팥 마라카스를 나누어 주어 팥을 자세히 관찰하게 하고 각각의 팥 마라카스를 흔들어 보라고 한다. 팥의 양에 따라 어떤 소리가 나는지 들어 볼 수 있도록 지도한다.

tip 2L짜리 페트병으로 대형 팥 마라카스를 만들고 아이들에게 흔들어 보라고 한다.

야곱 · 요셉에 관한 책 읽기

준비물 ▶ 야곱 · 요셉이 나오는 그림 책, 그림 성경 등

아이들에게 야곱이나 요셉이 주인공으로 등장하는 그림 책을 보여 주고 읽어 준다. 그림을 천천히 살펴볼 수 있도록 시간을 준다.

"코코코" 놀이

아이들과 마주 보고 "코코코" 놀이를 한다. 신체의 각 명칭을 가리키면서 다음 내용을 들려준다.

"코코코코 눈 [눈을 가리킨다.] 하나님이 나를 지켜보세요.
코코코코 입 [입을 가리킨다.] 하나님이 나에게 말씀하세요.
코코코코 귀 [귀를 가리킨다.] 하나님이 내 이야기를 들으세요.
코코코코 가슴 [가슴을 가리킨다.] 하나님은 언제나 나를 사랑하세요!"

카운트다운

운동 경기

USB

카운트다운 영상(지도자용 팩)은 이전 활동을 마무리하고, 다음 활동으로 전환할 때 활용한다. 같은 순서에 반복 사용하는 것이 효과적이다.

단원 주제

하나님의 계획은 완벽해요.

단원 암송

"두려워하지 말라. 내가 너와 함께 있다."

그 밤에 여호와께서 그에게 나타나 이르시되 나는 네 아버지 아브라함의 하나님이니 두려워하지 말라 내 종 아브라함을 위하여 내가 너와 함께 있어 네게 복을 주어 네 자손이 번성하게 하리라 하신지라(창 26:24).

10 야곱이 복을 가로챘어요

(창 25:27~34, 27:1~45)

가스펠 포인트

하나님의 계획은 완벽해요.
하나님은 야곱에게 복을 주기로 계획하셨어요.
하나님은 예수님을 야곱의 자손으로 보내기로 계획하셨어요.

단원 주제

하나님의 계획은 완벽해요.

단원 암송

"두려워하지 말라. 내가 너와 함께 있다"
(창 26:24).

본문 속으로

이삭은 약속의 아들이자, 아브라함과 사라가 늦은 나이에 얻은 선물이었습니다. 하나님이 아브라함과 맺으신 언약에 따르면, 이삭은 아브라함과 사라에게 별과 같이 많은 자손을 안겨 줄 소망이기도 했습니다. 이삭은 어른이 되어 리브가와 결혼했습니다. 그 후 이삭은 자녀를 달라고 기도했습니다. 리브가는 한 명이 아니라 두 명의 아이를 임신하게 되었습니다.

쌍둥이 아들들은 어머니 배 속에서 서로 다투었고, 리브가는 하나님께 여쭈었습니다. "이런 일이 왜 제게 일어나는 것입니까?" 하나님은 쌍둥이를 향한 하나님의 계획을 설명하셨습니다. "아이들의 자손은 각자 두 개의 나라를(에서의 자손은 에돔을, 야곱의 자손은 이스라엘을) 이룰 것이고, 한 나라가 다른 나라보다 강할 것이다. 그리고 큰아들이 작은아들을 섬기게 될 것이다. 어머니의 태에서 나온 뒤에도 그들의 갈등은 계속될 것이다."

하나님의 말씀은 그대로 이루어졌습니다. 아이들이 자란 후 에서는 자신의 장자권을 동생 야곱에게 팔아 버렸습니다. 장자권은 가부장 문화에서 매우 중요한 부분입니다. 전통적으로 아버지가 죽으면 큰아들이 동생에 비해 두 배의 땅과 재산을 상속받게 되어 있었는데, 에서는 그 권리를 한 끼의 따뜻한 식사와 바꾸어 버린 것입니다.

나중에 야곱은 아버지를 속이고 형이 받을 복을 가로챘습니다. 그 복은 큰아들에게 주어지는 또 하나의 특권이었습니다. 이삭은 자기의 한 아들이 다른 아들의 주인이 되도록 축복했습니다. 하나님이 말씀하신 대로 큰 자가 작은 자를 섬기게 된 것입니다.

●● 티칭 포인트

아무것도 하나님의 완벽한 계획을 막을 수 없다는 것에 대해 아이들과 이야기하십시오. 하나님은 야곱의 자손에게 복을 주기로 계획하셨습니다. 하나님은 아브라함, 이삭, 야곱에게 별과 같이 많은 자손을 주겠다고 하신 약속을 지키셨습니다. 하나님이 약속하신 그분, 바로 하나님의 아들이신 예수님이 그들의 자손으로 오실 것입니다.

예수님은 모든 피조물보다 먼저 나셨으며(골 1:15), 큰아들의 모든 특권을 누릴 자격이 있으십니다. 그러나 십자가에 매달리셨을 때, 예수님은 우리를 위해 모든 복을 포기하셨습니다. 자신이 받을 복을 하나님이 우리에게 주실 수 있도록, 예수님이 우리가 받을 벌을 대신 받으신 것입니다.

이야기 성경

야곱이 복을 가로챘어요

창 25:27~34, 27:1~45

야곱과 에서는 형제였지만 성격이 아주 달랐어요. 에서는 훌륭한 사냥꾼이었는데 아버지 이삭은 그가 사냥해 온 고기로 만든 음식을 좋아했어요. 야곱은 집에 있으면서 집안일을 하는 것을 좋아했어요. 그래서 어머니 리브가에게 사랑받았고, 요리하는 법도 배웠지요.

에서는 형이기 때문에 장자권이 있었어요. 장자권이란 아버지가 돌아가신 후에 동생보다 더 많은 재산과 땅을 가질 수 있는 권리를 말해요. 장자는 아버지의 뒤를 이어 가족의 지도자가 되는 것이지요. 그런 장자권을 에서는 소중하게 여기지 않았지만, 야곱은 달랐어요. 그는 형이 아닌데도 장자권을 갖고 싶어 했어요.

어느 날 야곱이 맛있는 냄새를 풍기며 팥죽을 끓이고 있었어요. 사냥에서 돌아온 에서가 팥죽을 좀 달라고 하자 야곱은 이렇게 말했어요. “먼저 장자권을 나한테 파세요!” 에서는 “배가 고파서 죽을 것 같은데 그까짓 장자권이 무슨 소용이야?”라고 말하면서 팥죽 한 그릇과 장자권을 바꿔 버리고 말았어요.

이삭은 나이가 들어 앞이 잘 보이지 않자, 에서를 불러서 말했어요. “사냥을 해서 맛있는 음식을 만들어 오면 내가 복을 빌어 주겠다.” 그 이야기를 엿들은 리브가는 야곱이 그 복을 받게 하고 싶어서 이삭을 속일 꾀를 생각해 냈어요. 이삭이 가장 좋아하는 음식을 만들고, 야곱에게 에서의 옷을 입혔어요. 야곱의 손과 목에는 염소 털을 둘러서 털이 많은 에서처럼 꾸미고는 에서인 척하라고 했어요. 리브가와 야곱은 지금 나쁜 행동을 하고 있는 거예요.

야곱이 이삭에게 음식을 가져갔어요. 앞이 잘 보이지 않는 이삭은 그가 누구인지 알아보지 못했어요. 하지만 에서가 사냥에서 이렇게 빨리 돌아온 것을 이상하게 생각했어요. 목소리도 야곱 같았어요. 이삭은 “네가 누구냐?”라고 물었어요. 야곱이 대답했어요. “에서입니다.” 물론 그것은 거짓말이었어요. 하지만 야곱의 옷에서는 에서의 냄새가 났고, 야곱의 손과 목에는 털도 많았어요. 그래서 이삭은 야곱이 에서로 알고 부와 성공, 가족의 지도자가 되는 복까지 모든 복을 다 빌어 주었어요.

집에 돌아와 야곱이 한 행동을 알게 된 에서는 머리끝까지 화가 났어요. 자기에게도 복을 빌어 달라고 아버지께 울며 매달렸지요. 하지만 이삭에게는 에서에게 빌어 줄 복이 남아 있지 않았어요. 이삭은 에서가 앞으로 힘든 삶을 살게 될 것이며, 싸움을 많이 하고, 동생 야곱을 섬기게 될 것이라고 말했어요. 에서는 너무 화가 나 야곱을 해치려고 했어요. 그래서 리브가는 에서의 화가 가라앉을 때까지 야곱을 안전한 곳으로 보냈어요.

●● 예수님 생각하기

야곱의 이야기를 보면, 우리에게 왜 구원자가 필요한지 알게 되어요. 야곱은 자기 것이 아닌 복을 가로채기 위해 거짓말하고 아버지를 속였어요. 예수님은 자신의 복을 우리와 나누세요. 우리는 복을 받기 위해 거짓말하거나 하나님 아버지를 속일 필요가 없어요. 예수님은 우리의 죗값을 대신 지불하고 우리에게 영원한 생명을 주려고 십자가에서 죽으셨어요.

가스펠 준비

싱글벙글 — 환영해요

USB

"약속"(지도자용 팩)을 튼다. 아이들을 반갑게 맞이하며 헌금과 기도를 도와준다. 예배 중에 헌금 순서가 있다면 헌금을 잘 간수하도록 돕는다. 가방과 옷을 정리하도록 안내한다. 새로 온 아이에게는 음수대와 화장실의 위치를 알려 주고, 보호자와 만나는 시간과 방법 등을 소개한다. 보호자를 위한 안내문을 붙여 끝나는 시간, 기다리는 장소, 헌금 방법, 아이에 대한 특별한 주의 사항을 교사에게 미리 알려 달라는 당부 등을 공지한다.

너랑 나랑 — 마음 열기

아이들이 편안하고 친숙하게 하나님께 마음을 열고, 하나님을 알아 가도록 돕는 놀이 환경을 제공한다. 흥미를 유발할 수 있는 놀잇감으로 자유 놀이 영역을 구성한다. 단원별 공통 활동에 각 과의 주제와 연결된 활동 영역을 추가하여 아이들이 자유롭게 선택하게 한다. 충분히 활동할 수 있도록 20분 정도의 시간을 할애하는 것이 좋다.

점토로 음식 만들기

준비물 ▶ 다양한 색깔 점토, 점토놀이 도구(장난감 도마 · 칼 · 가위 · 그릇 · 국수 뽑기 틀 등)

❶ 다양한 색깔 점토와 점토놀이 도구를 이용해 자신이 좋아하는 음식을 만들어 보자고 한다.

❷ 자신이 만든 색깔 점토 음식을 차례로 소개할 수 있도록 지도한다.

인도자 저는 동그란 피자를 만들고 싶어요. 같이 만들어 볼까요? 여러분은 어떤 음식을 만들고 싶어요? 맛있는 국을 만들어 볼까요? 국은 보글보글 잘 끓여야 해요. 야곱은 어머니를 도와 음식을 만드는 등 집안일을 하는 것을 좋아했대요! 야곱은 형 에서에게 음식을 만들어 주었어요. 어떤 음식을 만들었는지 궁금하지요? 오늘 말씀을 잘 들어 보세요.

야곱과 에서 찾기

준비물 ▶ 투명한 페트병, 페트병에 들어갈 만한 크기의 사람 모형 2개, 팥, 글루건

❶ 아이들에게 사람 모형 2개를 보여 주면서 각각 '에서'와 '야곱'이라고 설명한다.

❷ 투명한 페트병에 '에서'와 '야곱'을 넣고 팥으로 채운 후 뚜껑을 닫고 글루건으로 단단히 막는다.

❸ 아이들에게 투명한 페트병 속에 숨어 있는 '에서'와 '야곱'을 찾아보라고 한다.

인도자 이 투명한 페트병 속에 무엇인가 숨겨져 있어요. 찾아볼까요? [페트병을 흔들어 함께 찾아본다.] 이 작은 사람들은 '에서'와 '야곱'이에요. 형 에서는 큰아들에게만 주는 하나님의 특별한 선물을 가지고 있었는데요, 그것을 동생 야곱에게 주었어요. 너무 배가 고파서 야곱이 만든 팥죽과 바꾼 거예요. 이제 어떤 일이 펼쳐질지 자세히 살펴보아요. 하나님의 계획은 어떤 것인지 잘 들어 보세요.

보인다 · 안 보인다 놀이

❶ 얼굴을 손으로 가렸다가 뗀다. 손을 떼면서 "보인다", 손으로 가리면서 "안 보인다"라고 말하면 된다는 게임의 규칙을 설명해 준다.

❷ 잠시 동안 아이들이 보이지 않는 상황을 경험할 수 있도록 지도한다.

인도자 손으로 얼굴을 가려 볼까요? "안 보인다!" 손을 떼 볼까요? "보인다!" 야곱의 아버지 이삭은 눈이 잘 보이지 않았대요. 그래서 야곱은 아버지 이삭을 속였어요. 야곱이 왜 아버지를 속였을까요? 오늘 말씀을 잘 들어 보세요.

가스펠 설교 대형으로 모이기

- 카운트다운 영상, 모이기 노래 등을 활용해 설교 대형으로 바꾸고 마음을 준비하게 한다.

가스펠 설교

하나 — 성경 이야기

• 막대 인형 활용하기 : '에서'와 '야곱' 막대 인형을 만들어 등장인물이 나올 때마다 해당 막대 인형을 흔들면서 이야기를 들려준다.

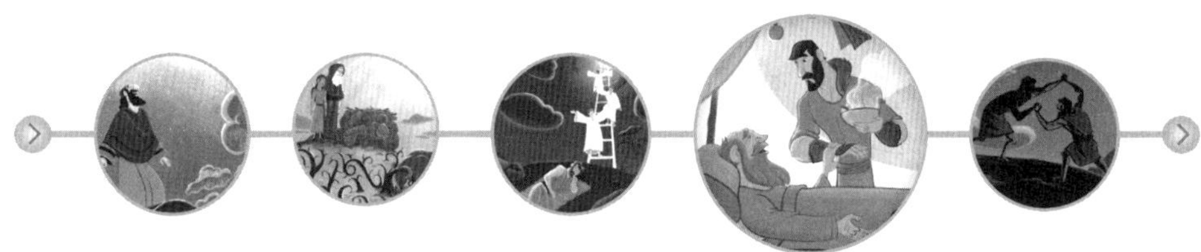

USB

아이들에게 성경을 나눠 주고 펼치게 한다. 제목을 말하고, 성경 본문의 핵심 부분을 읽어 준다. 말씀 듣기 시간을 알려 주는 찬양을 부른 후 성경 이야기를 읽어 주거나 설교 영상(지도자용 팩)을 보여 준다.

이삭과 그의 아내 리브가는 쌍둥이 아들을 낳았어요. 형의 이름은 에서이고, 동생의 이름은 야곱이었지요. 하나님은 야곱에게 복을 주기로 하셨어요. 에서에게는 큰아들만 받을 수 있는 장자권이라고 하는 특별한 선물이 있었어요. 하지만 에서는 자기의 장자권을 야곱의 팥죽 한 그릇과 바꿔 버렸어요. 잘못된 선택이었지요. 이삭이 나이가 들었어요. 그는 죽기 전에 큰아들 에서에게 복을 빌어 주고 싶었어요. 그런데 리브가가 야곱에게 에서의 옷을 입히고, 맛있는 음식을 만들었어요. 야곱은 그 음식을 들고 이삭에게 가서 말했어요. "아버지, 제가 에서입니다." 야곱이 아버지를 속인 거예요. 이삭은 늙어서 눈이 잘 보이지 않았어요. 이삭은 에서인 줄 알고 야곱에게 복을 빌어 주었어요. 에서는 야곱 때문에 몹시 화가 났어요. 리브가는 야곱에게 에서의 화가 가라앉을 때까지 멀리 떠나 있으라고 했어요. 이삭의 가족은 잘못된 선택을 했어요. 하지만 하나님은 야곱에게 복을 주려는 계획을 포기하시지 않았어요.

둘 — 가스펠 포인트

하나님의 계획은 완벽해요.
하나님은 야곱에게 복을 주기로 계획하셨어요.
하나님은 예수님을 야곱의 자손으로 보내기로 계획하셨어요.

"비행기"의 곡에 맞춰 다음 가사로 노래를 부르며 메시지를 정리한다.

♪

하나님의 계획은
완벽해 완벽해
하나님의 계획은
아주 완벽해.

하나님의 계획은 완벽해요. 하나님은 모든 것을 아시고, 옳은 일을 행하는 분이세요. 이삭의 가족이 잘못된 선택을 했지만, 하나님은 야곱에게 복을 주기로 계획하셨어요. 하나님은 예수님을 야곱의 자손으로 보내기로 계획하셨어요. 하나님은 하나님의 계획을 모두 이루실 수 있어요.

셋 — 복음 초청

성경과 복음 초청 가이드(155쪽)를 이용해서 아이들에게 그리스도를 소개한다.

예수님을 믿고 싶은 친구는 함께 기도해요.

넷 — 기도

하나님의 계획은 언제나 완벽한 것을 믿어요. 예수님 이름으로 기도합니다. 아멘.

다섯 — 암송송

3단원 암송송(158쪽)을 손유희와 함께 부르거나, 일부 구절 또는 간단하게 줄인 문장을 활용할 수 있다.

"그 밤에 여호와께서 그에게 나타나 이르시되 나는 네 아버지 아브라함의 하나님이니 두려워하지 말라 내 종 아브라함을 위하여 내가 너와 함께 있어 네게 복을 주어 네 자손이 번성하게 하리라 하신지라"(창 26:24).

"두려워하지 말라. 내가 너와 함께 있다."

가스펠 활동

알콩달콩 소그룹

나는 누구일까요?

준비물 ▶ 영유아부 교재 22쪽, 42쪽 '야곱과 에서 꾸미기' 스티커

❶ 아이들에게 형 에서는 사냥꾼이었고, 동생 야곱은 집안일을 하는 것을 좋아했다고 이야기한다. 누가 형 에서이고 누가 동생 야곱인지 물어본다.

❷ 영유아부 교재 42쪽 '야곱과 에서 꾸미기' 스티커를 하나하나 살펴보고 무슨 그림인지 맞혀 본다. 에서와 야곱에 관한 설명을 들으면서 에서와 야곱을 꾸며 주라고 한다.

예) · 야곱은 집에 있는 것을 좋아하고, 음식 만들기를 좋아했어요.

· 에서는 사냥을 잘했어요. 동물들을 잡는 사냥을 할 때 필요한 물건들을 가지고 있었어요.

인도자 형 에서는 장자권이라는 하나님의 특별한 선물을 동생 야곱이 팥으로 만든 죽과 바꿔 버렸어요. 이삭의 가족은 잘못된 선택을 했어요. 하지만 하나님은 하나님의 계획을 포기하시지 않았어요. 하나님은 예수님을 야곱의 자손으로 보낼 완벽한 계획을 세우셨어요. **하나님의 계획은 완벽해요.**

데칼코마니를 해요

준비물 ▶ 흰색 도화지, 수성 물감

❶ 흰색 도화지를 반으로 접은 후 한쪽 면에만 수성 물감을 그대로 짜서 그림을 그린다.

❷ 흰색 도화지를 반으로 접은 후 잘 문지른다.

❸ ❷를 펴서 양쪽 모양이 같은지 살펴본다. 에서와 야곱은 쌍둥이지만 서로 달랐다고 이야기한다.

tip 미술용 앞치마와 테이블보를 준비해 활용하면 좋다.

인도자 이삭에게는 쌍둥이 아들 2명이 있었어요. 하나님은 동생 야곱에게 복을 주기로 계획하셨어요. 야곱은 형 에서가 받을 복을 갖고 싶었어요. 그래서 형 에서와 아버지를 속였지요. 그 후 야곱은 무서워서 도망가야만 했어요. 잘못된 선택이었어요. 하지만 하나님은 에서와 야곱 둘 중에서 야곱의 자손으로 예수님을 보낼 계획을 포기하시지 않았어요. **하나님의 계획은 완벽해요.**

대그룹

내 이름을 말해요

준비물 ▶ 고무공

❶ 아이들을 동그랗게 앉힌 후 인도자와 아이들이 고무공을 서로 주고받으며 자기 이름을 말하게 한다. 공을 받은 사람이 자기 이름을 말하면 된다.

❷ 아이들이 공 굴리기에 익숙해지면 인도자는 빠지고 아이들끼리만 공을 주고받으며 자기 이름을 말하게 한다.

인도자 야곱은 아빠를 속이려고 자기가 형 에서라고 거짓말을 했어요. 그래도 하나님은 야곱에게 복을 주시려는 계획을 포기하시지 않았어요. **하나님의 계획은 완벽해요.**

소곤소곤 꿀~꺽 간식

준비물 ▶ 짜 먹는 요거트

❶ 아이들에게 주변을 정리하게 하고, 화장실에 가거나 물티슈 등을 이용해 손을 씻을 시간을 준다.

❷ 감사 기도를 드리고 짜 먹는 요거트를 간식으로 나누어 준다. 간식을 먹으며, "야곱은 잘못된 선택을 했어요. 그래도 하나님은 야곱에게 복을 주시려는 계획을 포기하시지 않았어요. 하나님의 계획은 완벽해요"라고 이야기해 준다.

신나는 마무리

준비물 ▶ 영유아부 교재 21쪽 활동지, 39쪽 메시지 카드, 43쪽 '이야기 성경' 스티커

❶ 활동지와 스티커, 메시지 카드를 나누어 주고 가족과 함께 오늘 배운 성경 이야기를 기억하라고 격려하며 가방을 정리해 준다.

가족과 활동해요

- '이야기 성경' 스티커를 붙이며 말씀을 기억해요.
- 각자 소원을 말하고, "우리의 소원은 하나님의 계획 안에 있어요"라고 기도해요.
- 물 잔을 부딪치며 "하나님의 계획은 완벽해요!"라고 말해요.
- 잠자리에 들 때 "하나님의 계획대로 예수님을 보내 주셔서 감사해요"라고 기도해요.

❷ 축복과 파송의 메시지를 담은 찬양을 부르며 인사한다.

❸ 아이를 데리러 온 보호자에게 아이가 특별히 즐거워했거나 잘했던 활동들에 대해 이야기해 주고, 가정에서 활동지와 스티커, 메시지 카드를 활용해 말씀을 들려주도록 격려한다.

11 하나님이 야곱에게 새 이름을 주셨어요

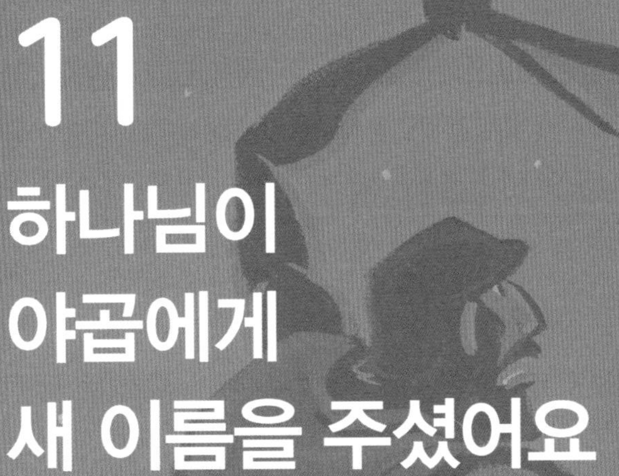

(창 32~33장)

가스펠 포인트

하나님은 야곱의 이름을 이스라엘로 바꿔 주셨어요.
하나님이 선택하신 백성의 이름도 이스라엘이에요.
하나님은 예수님을 이스라엘의 자손으로 보내셨어요.

단원 주제

하나님의 계획은 완벽해요.

단원 암송

"두려워하지 말라. 내가 너와 함께 있다"
(창 26:24).

본문 속으로

형 에서의 복을 가로챈 후 야곱은 에서의 분노를 피해 고향에서 도망을 쳤습니다. 그는 외삼촌 라반의 집에서 살면서 결혼도 하고 자녀도 많이 낳았습니다. 야곱의 삶은 전반적으로 성공적이었지만, 외삼촌 라반과 함께 지낸 시간의 끝은 좋지 않았습니다. 라반의 아들들이 야곱이 라반의 재산을 훔쳤다고 모함했기 때문입니다.

하나님은 야곱에게 떠나라고 말씀하셨고, 야곱은 주저하지 않았습니다. 그는 자신의 가족과 재산을 모두 모아 고향 가나안으로 향했습니다. 그러나 뒤에서 라반이 그를 추격해 왔습니다. 고향 땅에 간다고 해도 불안하기는 마찬가지였습니다. 에서가 그곳에 있었기 때문입니다. 야곱이 에서를 마지막으로 보았던 그때 에서는 야곱을 죽이려고 하지 않았습니까?

하나님은 야곱에게 아브라함과 이삭에게 하셨던 약속을 다시 한 번 확인시켜 주시면서, 야곱과 함께하겠다고 약속하셨습니다. 그러나 뒤에는 라반이, 앞에는 에서가 있는 상황에서 야곱은 어떻게 살아남을 수 있을까요? 야곱은 에서와의 만남을 위해 만반의 준비를 했습니다. 그는 전략적으로 자신의 가족을 두 무리로 나누었습니다. 에서의 환심을 사기 위해 선물도 미리 보냈습니다.

그날 밤, 야곱은 초조한 마음으로 에서에게서 전갈이 오기를 기다렸습니다. 그런데 바로 그 밤, 하나님이 야곱을 찾아오셨습니다. 야곱은 하나님과 밤새도록 씨름을 했습니다. 야곱이 씨름에서 이겼을까요? 그가 하나님보다 힘이 셌을까요? 야곱의 승리는 아이러니한 것이었습니다. 힘으로는 야곱이 이기지 못했습니다(하나님이 살짝만 건드리셨으나 야곱이 다리를 절게 된 것을 보면 알 수 있습니다). 오히려 하나님의 축복에 기대어 살 수밖에 없음을 고백함으로써 이긴 것입니다. 야곱은 의지할 곳이 전혀 없었습니다. 자신의 힘만으로는 성공할 수가 없었습니다. 그래서 야곱은 하나님께 매달려 절대 놓지 않았습니다.

●● 티칭 포인트

하나님과의 만남은 자신이 누구인지, 삶의 목적이 무엇인지를 깨닫게 하고 근본적 변화로 이어진다는 것을 아이들에게 알려 주십시오. 하나님은 야곱에게 은혜와 복을 주시고, 이스라엘이라는 새 이름도 주셨습니다. 하나님은 야곱에게서, 즉 이스라엘 자손 중에서 예수님을 태어나게 하실 것이었습니다. 예수님의 죽음과 부활은 죄인들에게 하나님의 가족이 되는 길을 열어 주었습니다. 하나님의 가족이 되면, 우리도 새로운 이름을 얻게 됩니다. 그것은 바로 '하나님의 자녀'입니다(요 1:12).

이야기 성경 하나님이 야곱에게 새 이름을 주셨어요

창 32~33장

하나님은 아브라함과 언약을 맺으셨고, 아브라함의 아들 이삭에게도 같은 약속을 하셨지요. 하나님은 이삭의 아들 야곱을 위한 특별한 계획을 세우셨어요. 하나님은 야곱에게도 같은 약속으로 복을 주기 원하셨지요.

야곱에게는 에서라는 형이 있었어요. 에서는 자기가 아니라 동생 야곱이 복을 받게 된 일 때문에 무척 화가 났어요. 그래서 야곱은 에서를 피해 멀리 외삼촌 댁으로 도망쳐서 오랫동안 집에 돌아가지 않았어요. 그러던 어느 날 하나님이 야곱에게 말씀하셨어요. "이제 집에 돌아갈 때가 되었다." 야곱은 고향을 향해 길을 떠났어요. 자신의 가족을 다 데리고, 재산을 모두 모아서 말이에요.

야곱은 형 에서를 만나기가 몹시 두려웠어요. 형이 아직 화가 나 있으면 어쩌지요? 그래서 야곱은 에서에게 심부름꾼을 보내 자기가 가고 있다는 사실을 미리 알렸어요. 그러자 심부름꾼이 돌아와 이렇게 말했어요. "형 에서가 주인님을 만나러 오고 있습니다. 엄청나게 많은 사람을 데리고요!" 큰일 났어요! 에서는 야곱을 해치려는 것일까요? 많은 사람을 데려와서 야곱의 가족을 공격하려는 걸까요?

야곱은 살아남을 궁리를 했어요. 가족을 두 무리로 나누어 한 무리는 이쪽으로, 다른 무리는 저쪽으로 보냈어요. 만약 에서가 한 무리를 공격하면 나머지 가족이라도 도망칠 수 있게 하려고 했지요. 그런 다음 야곱은 기도했어요. 하나님께 약속을 지켜 달라고 말씀드렸어요. "제발 저를 제 형에게서 구해 주세요."

야곱은 에서에게 선물도 보냈어요. 많은 수의 염소, 양, 낙타, 소, 나귀 같은 동물들을 받고 에서가 자기를 용서해 주기를 바랐어요.

그날 밤 한 사람이 야곱에게 나타났어요. 사실 그 사람은 하나님이셨어요! 그는 밤새도록 야곱과 씨름을 했어요. 야곱이 끝까지 포기하지 않자 그는 야곱의 엉덩이뼈를 쳤어요. 그는 "나를 보내 다오. 날이 새려고 하는구나"라고 말했어요. 하지만 야곱은 놓아 주지 않았어요. 오히려 이렇게 말했지요. "제게 복을 주시지 않으면 보내 드릴 수 없습니다."

마침내 그 사람은 야곱에게 복을 주었어요. "네 이름은 더 이상 야곱이 아니라 이스라엘이다. 네가 하나님과 씨름하고 사람들과도 씨름해서 이겼기 때문이다."

해가 떠올랐어요. 야곱은 엉덩이뼈를 다쳐 다리를 절뚝거렸어요. 야곱이 보니 에서가 엄청나게 많은 사람과 함께 자기를 향해 오고 있었어요. 야곱은 가서 에서를 만났어요. 그는 형에게 존경을 표하기 위해 엎드려 절을 했어요. 그러자 에서가 달려와 야곱을 끌어안았어요. 에서는 더 이상 화를 내지 않았어요!

에서가 집으로 돌아간 뒤 야곱은 조금 더 길을 갔어요. 야곱은 그곳에서 자기 가족이 살 땅을 샀어요. 마침내 야곱은 하나님이 약속하신 땅으로 돌아온 거예요.

●● 예수님 생각하기

하나님은 야곱을 바꾸시고 새 이름도 주셨어요. 예수님은 죽으시고 부활하셔서 죄인이 하나님의 가족이 될 수 있는 길을 열어 주셨어요. 우리도 "하나님의 자녀"라는 새 이름을 가질 수 있답니다(요 1:12).

가스펠 준비

싱글벙글 환영해요

USB

"기뻐하리라"(지도자용 팩)를 튼다. 아이들을 반갑게 맞이하며 헌금과 기도를 도와준다. 예배 중에 헌금 순서가 있다면 헌금을 잘 간수하도록 돕는다. 가방과 옷을 정리하도록 안내한다. 새로 온 아이에게는 음수대와 화장실의 위치를 알려 주고, 보호자와 만나는 시간과 방법 등을 소개한다. 보호자를 위한 안내문을 붙여 끝나는 시간, 기다리는 장소, 헌금 방법, 아이에 대한 특별한 주의 사항을 교사에게 미리 알려 달라는 당부 등을 공지한다.

너랑 나랑 마음 열기

아이들이 편안하고 친숙하게 하나님께 마음을 열고, 하나님을 알아 가도록 돕는 놀이 환경을 제공한다. 흥미를 유발할 수 있는 놀잇감으로 자유 놀이 영역을 구성한다. 단원별 공통 활동에 각 과의 주제와 연결된 활동 영역을 추가하여 아이들이 자유롭게 선택하게 한다. 충분히 활동할 수 있도록 20분 정도의 시간을 할애하는 것이 좋다.

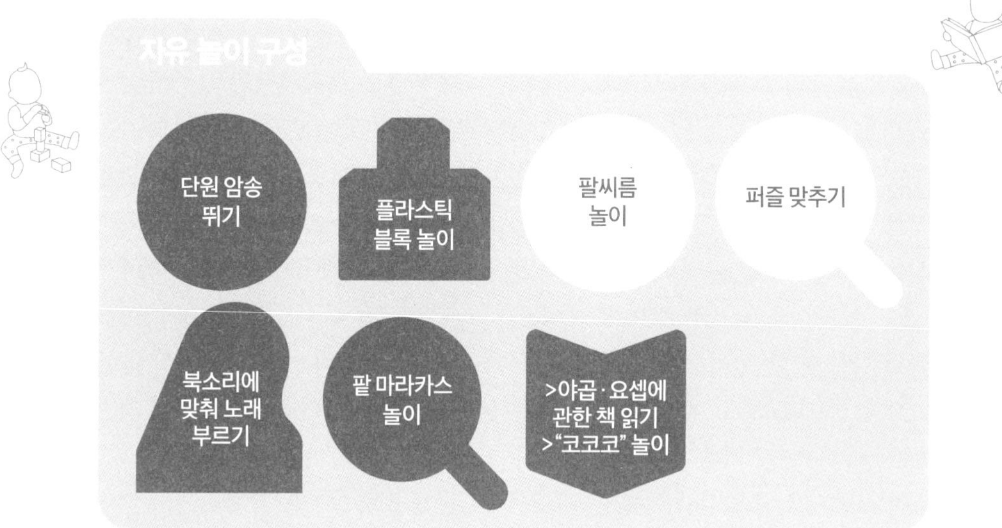

팔씨름 놀이

준비물 ▶ 책상

❶ 아이들에게 선생님과 팔씨름을 해서 누가 힘이 더 센지 알아 보자고 한다.

❷ 책상을 가운데 놓고 아이들을 서로 마주 보게 앉힌 후 각각 오른손을 책상 위에 올려 두 손을 마주 잡게 한다. 나머지 아이들의 "시작!" 신호에 맞추어 팔씨름을 하게 한다.

tip 팔을 심하게 잡아당기지 않도록 주의한다.

인도자 선생님과 팔씨름을 해 볼 거예요. 누가 힘이 더 센지 시합해 봐요. 선생님의 손을 잡을 때 두 손을 사용해도 괜찮아요. 자, 옆에 있는 친구들이 "시작!"이라고 외쳐 주세요. 우와, 우리 친구들 정말 힘이 세네요! 오늘의 성경 이야기에서 야곱이 하나님과 씨름을 했대요. 그리고 하나님이 야곱에게 새로운 이름을 주셨다고 해요! 어떤 이름인지 한번 들어 볼까요?

퍼즐 맞추기

준비물 ▶ 4·8조각 퍼즐

❶ 아이들과 함께 퍼즐을 맞춘다.

❷ 완성된 퍼즐을 가리키면서 오늘의 성경 이야기에 대해 들려준다.

인도자 자, 다 같이 퍼즐을 맞춰 볼까요? 어떤 그림일까요? 모두들 퍼즐을 잘 맞췄어요! 우리는 퍼즐을 한 조각, 한 조각 맞춰서 이 그림을 완성했어요. 하나님의 계획도 그렇대요. 오늘의 성경 이야기에서도 하나님은 계획을 하나씩 맞춰 가신대요! 어떻게 계획을 맞추시는지 잘 들어 보아요!

가스펠 설교 대형으로 모이기

- 카운트다운 영상, 모이기 노래 등을 활용해 설교 대형으로 바꾸고 마음을 준비하게 한다.

가스펠 설교

하나 — 성경 이야기

• 드라마 설교하기 : 탁자를 천으로 덮어서 '천막'을 만들어 둔다. 인도자가 '야곱' 역할을 맡아 연기한다. '천막'에 들어가서 성경 이야기를 들려준다.

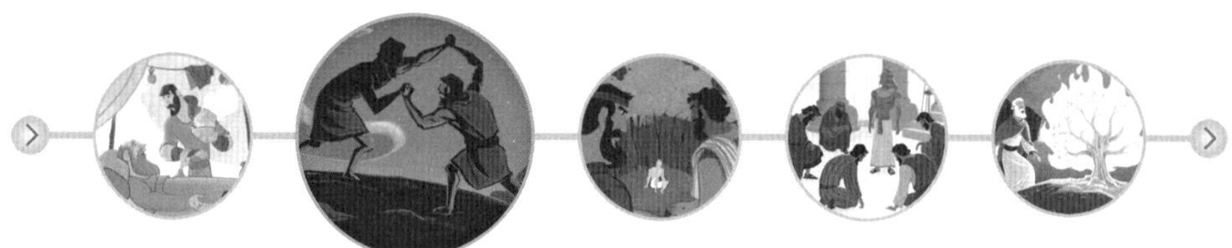

USB

아이들에게 성경을 나눠 주고 펼치게 한다. 제목을 말하고, 성경 본문의 핵심 부분을 읽어 준다. 말씀 듣기 시간을 알려 주는 찬양을 부른 후 성경 이야기를 읽어 주거나 설교 영상(지도자용 팩)을 보여 준다.

야곱은 외삼촌 라반의 집으로 도망쳐서 20년을 살았지요. 하나님이 야곱에게 복을 주셨어요. 야곱은 결혼도 하고 부자가 되었어요. 아들과 딸도 많이 낳았지요. 몇 년 뒤, 하나님은 야곱에게 고향으로 돌아가라고 말씀하셨어요. 야곱은 하나님께 기도했어요. 형 에서가 무서웠기 때문이에요. 야곱은 밤새도록 누군가와 씨름을 했어요. 하나님이셨어요! 야곱이 말했어요. "제게 복을 주시지 않으면 보내 드릴 수 없습니다." 하나님은 야곱의 이름을 '이스라엘'로 바꿔 주셨어요. 야곱은 하나님의 계획을 믿었어요. 야곱은 가서 에서를 만났어요. 에서는 야곱의 가족을 반갑게 맞아 주었어요. 야곱은 기뻤어요. 야곱은 하나님께 예배를 드렸어요. 야곱의 자손은 나중에 이스라엘이라는 나라가 되었어요.

둘 — 가스펠 포인트

하나님은 야곱의 이름을 이스라엘로 바꿔 주셨어요.
하나님이 선택하신 백성의 이름도 이스라엘이에요.
하나님은 예수님을 이스라엘의 자손으로 보내셨어요.

"비행기"의 곡에 맞춰 다음 가사로 노래를 부르며 메시지를 정리한다.

♪

하나님의 계획은
완벽해 완벽해

하나님의 계획은
아주 완벽해.

야곱은 형 에서를 만나기가 두려웠지만, 하나님이 자신을 안전하게 지켜 주실 것을 믿었어요. 하나님은 야곱을 돌보셨고, 야곱의 이름을 이스라엘로 바꿔 주셨어요. 하나님이 선택하신 백성의 이름도 이스라엘이에요. 하나님은 예수님을 이스라엘의 자손으로 보내셨어요. **하나님의 계획은 완벽해요.**

셋 — 복음 초청

성경과 복음 초청 가이드(155쪽)를 이용해서 아이들에게 그리스도를 소개한다.

예수님을 믿고 싶은 친구는 함께 기도해요.

넷 — 기도

하나님이 야곱을 사랑하셔서 새 이름을 주셨음을 믿어요. 예수님 이름으로 기도합니다. 아멘.

다섯 — 암송송

3단원 암송송(158쪽)을 손유희와 함께 부르거나, 일부 구절 또는 간단하게 줄인 문장을 활용할 수 있다.

“그 밤에 여호와께서 그에게 나타나 이르시되 나는 네 아버지 아브라함의 하나님이니 두려워하지 말라 내 종 아브라함을 위하여 내가 너와 함께 있어 네게 복을 주어 네 자손이 번성하게 하리라 하신지라”(창 26 : 24).

“두려워하지 말라. 내가 너와 함께 있다.”

가스펠 활동

알콩달콩 소그룹

새 이름을 주셨어요

준비물 ▶ 영유아부 교재 24쪽, 색연필

❶ "당신은 누구십니까?" 노래를 부르면서 아이들의 이름을 차례로 불러 준다.
예) "당신은 누구십니까?" / "친구는 ○○○!" / "그 이름 아름답구나(멋지구나)!"

❷ 하나님이 야곱에게 새 이름, '이스라엘'을 주셨다고 이야기해 준다.

❸ ---- 표시를 따라 선을 긋고, 선생님을 따라 야곱에게 주신 새 이름을 읽을 수 있도록 지도한다.

인도자 하나님은 야곱을 사랑하셨어요. 형 에서를 만나기가 무서웠던 야곱은 하나님께 기도했어요. 하나님은 야곱을 돌보아 주셨고, 그의 이름을 '이스라엘'로 바꿔 주셨어요. **하나님의 계획은 완벽해요.**

하나님의 계획으로 가득해요

준비물 ▶ 물약 통, 빨간색 수성 물감, 키친타월, 플라스틱으로 된 깊은 그릇

❶ 물약 통에 물을 3분의 2 정도 채우고 빨간색 물감을 짜 넣어 빨간 물을 만들어 둔다.

❷ 플라스틱으로 된 깊은 그릇 바닥에 키친타월을 깔아 준비한다.

❸ 교사가 11과의 가스펠 포인트 문장을 말하면 다 함께 "아멘!"이라고 외치고 키친타월을 향해 빨간 물을 쏘면 된

다는 게임의 규칙을 설명한다.

- 하나님은 야곱의 이름을 이스라엘로 바꿔 주셨어요. ("아멘!")
- 하나님이 선택하신 백성의 이름도 이스라엘이에요. ("아멘!")
- 하나님은 예수님을 이스라엘의 자손으로 보내셨어요. ("아멘!")

인도자 하나님은 야곱을 사랑하셨어요. 하나님은 야곱에게 이스라엘이라는 새 이름을 주셨어요. 하나님은 예수님을 이스라엘의 자손으로 보내셨어요. **하나님의 계획은 완벽해요.**

야곱처럼 해 보아요

준비물 ▶ 성경

❶ 아이들에게 야곱처럼 해 보자고 말한다.

❷ 성경을 보면서 이야기를 들려준다. 아이들에게 성경 이야기를 잘 듣고 야곱이 되어 그대로 따라 행동하라고 한다.

예) • 하나님이 야곱에게 집으로 돌아가라고 하셨어요! ("네"라고 대답한다.)

- 야곱은 짐을 챙겼어요. (짐을 챙긴다.)
- 야곱은 길을 걸어갔어요. (예배실을 걸어 다닌다.)
- 야곱은 형 에서를 만나는 것이 두려웠어요. 그래서 하나님께 기도했어요. (두 손 모아 기도한다.)
- 야곱은 밤새도록 누군가와 씨름을 했어요. (둘씩 짝을 지어 씨름한다.)
- 야곱은 이스라엘이라는 새 이름을 받고 하나님의 계획을 믿었어요. (두 손을 모으고 눈을 감는다.)
- 야곱은 형 에서를 만났고 형 에서는 야곱을 용서해 주었어요. 야곱은 기뻐하며 하나님께 감사드렸어요. (서로 안아 주면서 기뻐한다.)

인도자 하나님은 야곱에게 고향으로 돌아가라고 말씀하셨어요. 야곱은 가족과 동물들을 데리고 고향으로 떠났어요. 야곱은 형 에서를 다시 만나기가 무서웠어요. 하지만 하나님이 자기를 안전하게 지켜 주실 것이라고 믿었어요. 하나님은 야곱을 돌보아 주셨고, 그의 이름을 이스라엘로 바꿔 주셨어요. **하나님의 계획은 완벽해요.**

소곤소곤 꿀~꺽 간식

준비물 ▶ 요구르트

❶ 아이들에게 주변을 정리하게 하고, 화장실에 가거나 물티슈 등을 이용해 손을 씻을 시간을 준다.

❷ 감사 기도를 드리고 요구르트를 간식으로 나누어 준다. 간식을 먹으며, "하나님은 야곱을 돌보아 주셨고, 그의 이름을 이스라엘로 바꿔 주셨어요. 하나님의 계획은 완벽해요"라고 이야기한다.

신나는 마무리

준비물 ▶ 영유아부 교재 23쪽 활동지, 39쪽 메시지 카드, 43쪽 '이야기 성경' 스티커

❶ 활동지와 스티커, 메시지 카드를 나누어 주고 가족과 함께 오늘 배운 성경 이야기를 기억하라고 격려하며 가방을 정리해 준다.

가족과 활동해요

- '이야기 성경' 스티커를 붙이며 말씀을 기억해요.
- '간지럼 태우기 대회'나 '엄지손가락 씨름 대회'를 열어 보세요. 이긴 사람은 "하나님의 계획은 아무도 막을 수 없어요!"라고 말해요.
- "하나님의 아들(딸) ○○○"이라고 적어서 방 문 앞에 붙여요.

❷ 축복과 파송의 메시지를 담은 찬양을 부르며 인사한다.

❸ 아이를 데리러 온 보호자에게 아이가 특별히 즐거워했거나 잘했던 활동들에 대해 이야기해 주고, 가정에서 활동지와 스티커, 메시지 카드를 활용해 말씀을 들려주도록 격려한다.

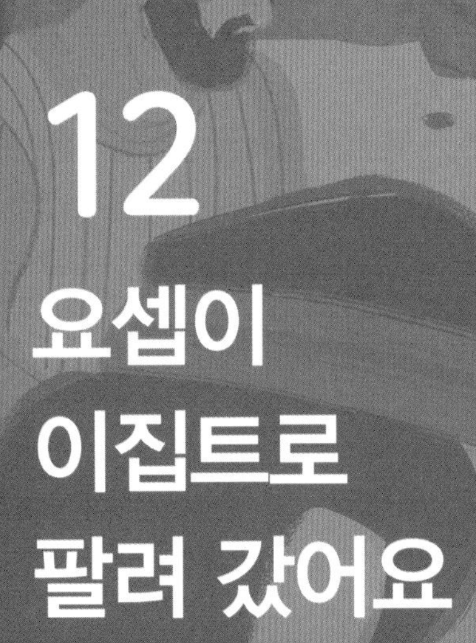

12
요셉이 이집트로 팔려 갔어요

[창 37:1~36, 39:1~41:57]

가스펠 포인트

하나님이 우리를 위해 좋은 계획을 세우셨어요.
하나님은 이집트에 간 요셉을 돌보셨어요.
우리는 언제나 하나님을 믿을 수 있어요.

단원 주제

하나님의 계획은 완벽해요.

단원 암송

"두려워하지 말라. 내가 너와 함께 있다" (창 26:24).

본문 속으로

아버지 이삭을 속이고 에서의 복을 가로챈 야곱은 에서의 분노를 피하기 위해 가족과 헤어져 여러 해를 지내야 했습니다. 하나님은 야곱의 꿈에 나타나셔서 아브라함과 이삭에게 하셨던 약속을 다시 확인해 주셨습니다. 마침내 하나님은 야곱을 고향 땅 가나안으로 부르셨습니다. 하나님은 야곱을 축복하시고 이름을 이스라엘로 바꾸셨습니다.

야곱에게는 열두 아들이 있었습니다. 이들은 자라서 이스라엘 열두 지파의 시조가 되었습니다. 야곱이 가장 사랑하는 아들 요셉은 야곱이 가장 사랑하는 아내인 라헬의 아들이었습니다. 야곱은 자신의 편애를 숨기지 않았고, 요셉에게만 채색옷을 선물해 주었습니다.

당연히 요셉은 형들에게 사랑받지 못했습니다. 하나님이 꿈을 통해 자신에게 말씀하셨다고 요셉이 말했을 때, 형들의 미움은 극에 달했습니다. 그 꿈들은 언젠가 요셉의 가족이 요셉에게 절을 하게 될 것이라는 내용이었기 때문입니다. 형들은 요셉을 해칠 계획을 세웠고, 결국 요셉은 구덩이에 빠지고 말았습니다. 이후 요셉은 이집트로 팔려 갔고, 누명을 쓰고 옥에 갇혔습니다.

어쩌면 요셉은 구덩이에서, 또 감옥에서 혼자라고 느꼈을지도 모릅니다. 하지만 하나님은 요셉을 잊지 않으셨습니다. 하나님은 요셉과 함께하셨으며, 그를 이집트의 총리로 세우셨습니다. 요셉을 통해 심판을 견디고 살아남은 소수의 하나님의 백성을 세우셨습니다. 오랜 세월이 흐른 후, 하나님은 하나님의 아들이신 예수님을 바로 요셉이 구해 낸 이스라엘 자손으로 세상에 태어나게 하셨습니다.

예수님은 진정한 외로움과 궁극적인 고통을 경험하셨습니다. 하나님은 예수님을 죽은 자들 가운데서 살리셨습니다. 우리가 예수님을 믿을 때, 하나님은 우리의 죄를 용서하십니다. 예수님이 항상 우리와 함께하겠다고 약속하셨기 때문에 우리는 진정한 외로움을 경험하지 않게 될 것입니다(마 28:20). 그리고 믿는 자들을 기다리는 영광의 무게에 비하면 이 땅에서 우리가 겪는 고난은 잠시 받는 가벼운 환난에 불과합니다(고후 4:17).

●● 티칭 포인트

전능하신 하나님이 모든 것을 다스리신다는 것을 아이들에게 알려 주십시오. 하나님은 우리의 삶을 주관하시며, 우리 안에서 또 우리를 통해서 하나님의 계획을 이루기 위해 고난과 불의도 사용하십니다. 어떤 상황에서도 하나님의 뜻은 이루어집니다. 하나님의 영광을 위해서, 그리고 우리의 선을 위해서 말입니다.

이야기 성경

요셉이 이집트로 팔려 갔어요

창 37:1~36, 39:1~41:57

야곱은 열두 아들 가운데 요셉을 가장 사랑했어요. 그래서 요셉에게 화려한 채색옷을 주었지요. 형들은 요셉이 미웠어요. 요셉은 특별한 꿈을 꾸었어요. 그 꿈은 요셉의 가족들이 요셉에게 절을 하게 된다는 내용이었어요. 요셉의 형들은 요셉의 꿈 이야기를 무척 싫어했어요.

어느 날 야곱은 양 떼를 먹이러 멀리 떠난 형들이 어떻게 지내는지 알아보라고 요셉을 보냈어요. 멀리서 요셉이 오는 것을 본 형들이 말했어요. "저 녀석을 죽게 해 구덩이에 던져 넣고 아버지께는 들짐승에게 잡아먹혔다고 말하자!" 큰형 르우벤이 말렸어요. "죽이지는 말고 구덩이에 던져 넣기만 하자." 르우벤은 나중에 몰래 요셉을 구해 주려고 했어요.

형들은 요셉의 채색옷을 벗긴 다음 구덩이에 던져 넣은 후, 이집트로 가는 상인들에게 노예로 팔았지요. 요셉이 들짐승에게 잡아먹혔다는 말을 들은 야곱은 너무 슬펐어요.

이집트에 도착한 상인들은 요셉을 보디발에게 팔았어요. 하나님이 늘 함께하셨기 때문에 요셉이 하는 일은 다 잘되었어요. 하지만 보디발의 아내가 요셉에 대해 나쁜 거짓말을 했어요. 요셉은 억울하게 감옥에 가야 했지요.

감옥에서도 하나님은 요셉과 함께하셨어요. 그래서 감옥을 관리하는 간수장이 요셉에게 다른 죄수들을 돌보는 일을 맡겼어요. 요셉은 파라오의 두 신하의 꿈을 풀어 주었어요. 한 신하에게 감옥에서 풀려나면 요셉이 잘못을 저지르지 않았다는 것을 파라오에게 말해 달라고 부탁했어요. 요셉의 말대로 그 사람은 감옥에서 나가 다시 파라오의 신하가 되었지만 요셉의 부탁을 잊어버리고 말았지요.

2년 뒤, 파라오가 두 가지 꿈을 꾸었어요. 하지만 아무도 그 뜻을 몰랐지요. 그제야 파라오의 신하가 요셉을 기억했어요. 요셉은 파라오 앞에 불려가서 말했어요. "왕의 꿈이 무슨 뜻인지 저는 모르지만 하나님은 아십니다."

파라오가 꾼 첫 번째 꿈은 살찐 소 일곱 마리가 나일 강가에서 풀을 뜯고 있다가 바짝 마른 소 일곱 마리에게 잡아먹히는 내용이었어요. 두 번째 꿈에서는 토실토실한 일곱 이삭이 바짝 마른 일곱 이삭에게 잡아먹혔지요. 요셉은 말했어요. "앞으로 7년 동안 곡식이 풍성하게 잘 자랄 것이지만 다음 7년 동안에는 곡식이 자라지 않아 사람들이 굶주릴 것입니다. 한 사람을 뽑아 곡식이 풍성할 때 일부를 거두어 들여 쌓아 두게 하십시오. 그러면 흉년이 와도 먹을 것이 충분할 것입니다. 이집트의 백성은 살아남을 것입니다." 그러자 파라오가 말했어요. "하나님이 너와 함께하시는구나. 곡식을 거두어 쌓아 두는 일은 네가 맡는 것이 좋겠다. 너는 앞으로 이 나라에서 나 다음으로 중요한 사람이 될 것이다."

●● 예수님 생각하기

하나님이 요셉을 이집트로 보내셨어요. 하나

님이 요셉과 함께하셨기 때문에 요셉은 중요한 일도 맡고 힘도 가지게 되었어요. 하나님은 요셉의 힘을 사용해 요셉의 가족을 비롯해 많은 사람을 도우셨어요. 예수님도 하늘나라에서 아주 큰 힘을 갖고 계셨어요. 하지만 하늘을 버리고 이 땅으로 오셨지요. 사람들을 죄에서 구하시기 위해서예요.

가스펠 준비

싱글벙글 — 환영해요

USB

"약속"(지도자용 팩)을 튼다. 아이들을 반갑게 맞이하며 헌금과 기도를 도와준다. 예배 중에 헌금 순서가 있다면 헌금을 잘 간수하도록 돕는다. 가방과 옷을 정리하도록 안내한다. 새로 온 아이에게는 음수대와 화장실의 위치를 알려 주고, 보호자와 만나는 시간과 방법 등을 소개한다. 보호자를 위한 안내문을 붙여 끝나는 시간, 기다리는 장소, 헌금 방법, 아이에 대한 특별한 주의 사항을 교사에게 미리 알려 달라는 당부 등을 공지한다.

너랑 나랑 — 마음 열기

아이들이 편안하고 친숙하게 하나님께 마음을 열고, 하나님을 알아 가도록 돕는 놀이 환경을 제공한다. 흥미를 유발할 수 있는 놀잇감으로 자유 놀이 영역을 구성한다. 단원별 공통 활동에 각 과의 주제와 연결된 활동 영역을 추가하여 아이들이 자유롭게 선택하게 한다. 충분히 활동할 수 있도록 20분 정도의 시간을 할애하는 것이 좋다.

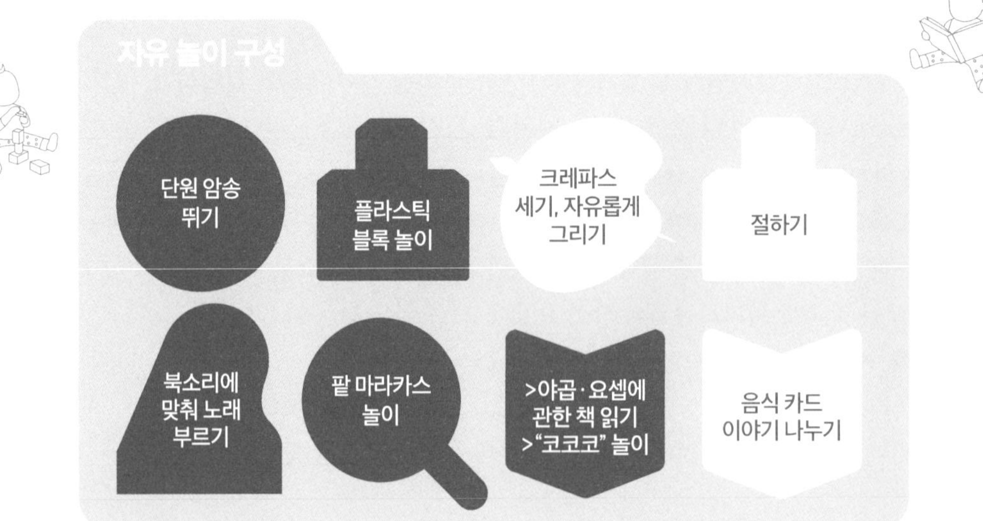

절하기

❶ 아이들과 함께 모여 앉아 '요셉' 역할을 할 아이를 정한다

❷ '요셉'을 향해 모두 엎드려 절한다. 역할을 바꾸어 활동을 반복한다

인도자 '요셉' 역할을 하고 싶은 친구 있나요? [자원하는 아이가 있는지 확인한다.] ○○이 '요셉' 역할을 해 주세요. 요셉은 가족 모두가 자기에게 절하는 꿈을 꾸었어요. 우리 '요셉'에게 절을 해 보아요. [아이들과 같이 '요셉' 에게 절한다.] 형들은 꿈 이야기를 듣고 화가 많이 났어요. 요셉은 형들과 함께 살지 못하고 이집트에서 노예가 되어 살았어요. 요셉에게 무슨 일이 일어났을까요? 오늘 말씀을 잘 들어 보아요.

크레파스 세기, 자유롭게 그리기

준비물 ▶ 크레파스, 2절 도화지

❶ 아이들과 함께 크레파스가 몇 개인지 세어 본다.

❷ 2절 도화지를 나누어 주고 크레파스를 이용해 자유롭게 그릴 수 있도록 지도한다.

인도자 요셉은 형이 10명, 동생이 1명 있었어요. 여기 크레파스로 10을 세어 볼게요. 하나, 둘, 셋 … 열! 하나 더 세어 볼까요? 열하나! 그런데 형들이 요셉을 이집트로 보냈어요. 이집트에서는 누가 요셉을 돌보아 주었을까요? 오늘 말씀을 잘 들어 보아요.

음식 카드 이야기 나누기

준비물 ▶ 음식 그림 카드(빵, 밥, 김치, 계란말이, 소시지볶음 등 아이들에게 친숙한 음식)

❶ 음식 그림 카드를 보여 주며 어떤 음식인지 맞혀 보라고 한다. 그 음식에 대해 이야기를 나눈다.

❷ 음식 그림 카드 중에서 어떤 음식이 먹고 싶은지, 좋아하는 음식은 무엇인지 질문하고 답하는 시간을 갖는다.

인도자 이것은 무슨 음식일까요? 이 중에서 어떤 음식을 좋아하나요? 먹고 싶은 음식이 있나요? 하나님은 요셉이 이집트에서 농사가 안되어 먹을 음식이 없는 때를 대비해서 곡식을 잘 모아 두도록 도와주셨어요. **하나님의 계획은 완벽해요.**

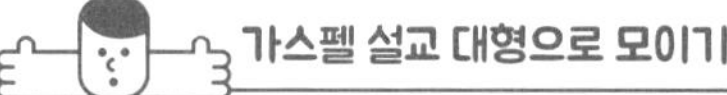

- 카운트다운 영상, 모이기 노래 등을 활용해 설교 대형으로 바꾸고 마음을 준비하게 한다.

가스펠 설교

하나 — 성경 이야기

- 표정 이모티콘 활용하기 : 요셉의 상황에 따른 기분을 보여 주는 표정 이모티콘을 A4 용지에 크게 프린트하거나 그려 준비해 둔다. 성경 이야기를 들려주면서 요셉이 노예로 팔려 갔다고 말할 때는 슬픈 표정 이모티콘을, 하나님이 요셉과 함께하셨다고 말할 때는 기쁜 표정 이모티콘을 보여 준다.
- 도입 활동에 참여시키기 : 성경 이야기를 시작하기 전에 아이들에게 모두 잠자는 흉내를 내라고 한다. 알람 소리를 들려주고 아이들을 깨우면 눈을 뜨고 기지개를 켜며 일어나면 된다고 말해 준다. 아이들이 다 일어나면 요셉의 꿈 이야기로 시작한다.

USB

아이들에게 성경을 나눠 주고 펼치게 한다. 제목을 말하고, 성경 본문의 핵심 부분을 읽어 준다. 말씀 듣기 시간을 알려 주는 찬양을 부른 후 성경 이야기를 읽어 주거나 설교 영상(지도자용 팩)을 보여 준다.

야곱에게는 열두 명의 아들이 있었어요. 야곱은 그중에서 요셉을 가장 사랑했지요. 요셉은 가족들이 자기에게 절하는 꿈을 꾸었어요. 형들은 요셉의 꿈 때문에 화가 났어요. 어느 날, 요셉의 형들이 요셉을 이집트에 보내 버렸어요. 이집트에 간 요셉은 자기가 하지도 않은 일 때문에 억울하게 벌을 받았어요. 하지만 하나님이 언제나 요셉과 함께 하셨어요. 파라오가 요셉을 불러 자기가 꾼 꿈의 내용을 설명해 달라고 했어요. 암소와 이삭 꿈이었지요. 요셉이 말했어요. "하나님이 앞으로 하실 일을 왕에게 보여 주신 것입니다. 사람을 세워서 농사가 잘되는 7년 동안 곡식을 모아 두게 하세요. 그러면 다음 7년 동안 농사가 잘 안되어도 이집트에 먹을 것이 충분할 것입니다." 파라오가 말했어요. "하나님이 너와 함께하시는구나. 곡식을 모으는 일은 네가 맡아라."

둘 — 가스펠 포인트

하나님이 우리를 위해 좋은 계획을 세우셨어요.
하나님은 이집트에 간 요셉을 돌보셨어요.
우리는 언제나 하나님을 믿을 수 있어요.

"비행기"의 곡에 맞춰 다음 가사로 노래를 부르며 메시지를 정리한다.

♪

하나님의 계획은
완벽해 완벽해
하나님의 계획은
아주 완벽해.

하나님은 우리를 위해 좋은 계획을 세우셨어요. **하나님의 계획은 완벽해요.** 요셉은 슬프고 힘든 일을 겪어야 했지만, 하나님이 자신을 돌봐 주실 것을 믿었어요. 하나님은 이집트에 간 요셉을 돌보셨어요. 우리는 언제나 하나님을 믿을 수 있어요.

셋 — 복음 초청

성경과 복음 초청 가이드(155쪽)를 이용해서 아이들에게 그리스도를 소개한다.

예수님을 믿고 싶은 친구는 함께 기도해요.

넷 — 기도

하나님, 우리와 언제나 함께해 주셔서 감사해요. 예수님 이름으로 기도합니다. 아멘.

다섯 — 암송송

3단원 암송송(158쪽)을 손유희와 함께 부르거나, 일부 구절 또는 간단하게 줄인 문장을 활용할 수 있다.

"그 밤에 여호와께서 그에게 나타나 이르시되 나는 네 아버지 아브라함의 하나님이니 두려워하지 말라 내 종 아브라함을 위하여 내가 너와 함께 있어 네게 복을 주어 네 자손이 번성하게 하리라 하신지라"(창 26:24).

"두려워하지 말라. 내가 너와 함께 있다."

알콩달콩 소그룹

하나님이 요셉과 함께하세요

준비물 ▶ 영유아부 교재 26쪽, 42쪽 '하나님의 사랑' 스티커

❶ 그림을 보며 요셉이 어디에서 무엇을 하고 있는지 이야기를 나누어 본다.

❷ 하나님은 요셉이 어디에 있든지 무엇을 하든지 언제나 함께하셨다고 아이들에게 알려 준다.

❸ 요셉 옆에 영유아부 교재 42쪽 '하나님의 사랑' 스티커를 붙이게 한다.

❹ 하나님은 우리와도 함께하신다고 말하고 아이들 손등에 영유아부 교재 42쪽 '하나님의 사랑' 스티커를 붙여 준다.

인도자 하나님은 요셉이 어디에 있든지 언제나 함께하셨어요. **하나님의 계획은** 언제나 좋고 **완벽해요.**

모아요

준비물 ▶ 여러 모양과 색깔의 젤리들, 작은 그릇들, 작은 지퍼백, 물티슈

❶ 물티슈를 이용해 교사와 아이들의 손을 깨끗이 닦는다.

❷ 아이들에게 여러 모양과 색깔의 젤리들을 보여 주고 가장 먹고 싶은 젤리를 하나 골라 맛볼 수 있게 한다.

❸ 한 사람씩 차례대로 자신이 먹고 싶은 젤리를 지퍼백에 넣게 한다. 젤리를 집을 때 다 같이 젤리의 개수를 세게 한다.

tip 자기 차례가 올 때까지 질서 있게 기다리기로 약속한다.

인도자 하나님은 요셉이 이집트에서 농사가 잘 안되는 7년을 대비해 곡식을 잘 모아 두도록 도와주셨어요. **하나님의 계획은 완벽해요.**

예배실을 청소해요

준비물 ▶ 찬양 음원, 음원 재생 기기(CD플레이어, 스마트폰 등), 청소용 물티슈나 걸레

❶ 아이들에게 주인이 시키는 일을 하는 사람이 '노예'라고 이야기한 후, 형들이 이집트로 보낸 요셉은 노예가 되어 일했다고 말해 준다.

❷ 요셉이 일한 것처럼 우리도 예배실에서 청소하고 싶은 곳을 찾아 청소용 물티슈나 걸레로 닦아 보자고 한다.

❸ 청소하는 동안 찬양을 틀어 줄 텐데, 찬양이 멈추면 다 같이 "하나님이 함께하세요!"라고 외치기로 약속한다. 찬양을 틀었다 멈추기를 여러 번 반복한다.

인도자 형들은 요셉을 해치려고 했어요. 하지만 요셉은 이집트에서 파라오를 위해 일하는 사람이 되었지요. 요셉은 하나님이 자신을 위해 언제나 좋은 계획을 갖고 계신다는 사실을 알게 되었어요. **하나님의 계획은 완벽해요.**

소곤소곤 꿀~꺽 간식

준비물 ▶ 과일 3종류, 접시, 포크

❶ 아이들에게 주변을 정리하게 하고, 화장실에 가거나 물티슈 등을 이용해 손을 씻을 시간을 준다.

❷ 감사 기도를 드리고 과일 3종류를 접시에 담아 간식으로 나누어 준다. 간식을 먹으며, "여러 가지 과일을 준비했어요. 이 중에서 어떤 과일을 제일 좋아하나요? 하나님은 요셉이 이집트에서 농사가 잘 안되는 때를 대비해 곡식을 잘 모으는 일을 맡도록 해 주셨어요. 하나님의 계획은 완벽해요"라고 이야기한다.

신나는 마무리

준비물 ▶ 영유아부 교재 25쪽 활동지, 39쪽 메시지 카드, 43쪽 '이야기 성경' 스티커

❶ 활동지와 스티커, 메시지 카드를 나누어 주고 가족과 함께 오늘 배운 성경 이야기를 기억하라고 격려하며 가방을 정리해 준다.

가족과 활동해요

- '이야기 성경' 스티커를 붙이며 말씀을 기억해요.
- 주변에 어려움을 겪고 있는 가정이 있으면 가족과 함께 그들을 위해 기도하는 시간을 가져 보세요.
- 머리카락을 서로서로 빗어 주며 "하나님이 돌보세요!"라고 이야기해요.

❷ 축복과 파송의 메시지를 담은 찬양을 부르며 인사한다.

❸ 아이를 데리러 온 보호자에게 아이가 특별히 즐거워했거나 잘했던 활동들에 대해 이야기해 주고, 가정에서 활동지와 스티커, 메시지 카드를 활용해 말씀을 들려주도록 격려한다.

13
요셉의 꿈이 이루어졌어요

(창 42:1~46:34, 50:15~21)

가스펠 포인트

하나님은 좋은 계획을 세우셨어요. 하나님의 계획은 완벽해요.
하나님은 먹을 것을 주시려고 이스라엘(야곱)의 가족을 이집트로 데려오셨어요.
아무것도 하나님의 계획을 막을 수 없어요.

단원 주제

하나님의 계획은 완벽해요.

단원 암송

"두려워하지 말라. 내가 너와 함께 있다" (창 26:24).

본문 속으로

야곱과 그의 가족은 가나안에 살고 있었습니다. 하지만 한 명이 없었습니다. 야곱이 가장 사랑하는 아들인 요셉은 이집트에 있었습니다. 야곱이 모르는 사이에 요셉은 이집트의 총리가 되어 있었습니다. 가나안에 기근이 찾아오자 야곱은 아들들을 이집트로 보내 곡식을 사 오게 했습니다. 그 여행이 가족을 다시 만나게 해 주는 계기가 될 줄은 꿈에도 모른 채 말입니다.

야곱의 아들 열 명은 곡식을 사기 위해 이집트로 갔습니다. 그들은 요셉을 만났습니다. 요셉이 식량을 나누어 주는 일을 맡고 있었기 때문입니다. 요셉은 형들을 바로 알아보았지만, 형들은 요셉을 알아보지 못했습니다. 요셉은 형들을 여러 방법으로 시험했습니다. 그들을 가나안에서 온 정탐꾼들이라고 몰아세운 뒤, 무고함을 밝히고 싶으면 막냇동생 베냐민을 이집트로 데려오라고 명령했습니다.

야곱은 곡식을 더 사기 위해 아들들을 이집트로 다시 보내고 싶어 하지 않았습니다. 베냐민까지 딸려 보내는 것은 더더욱 싫었습니다. 야곱은 유다에게서 베냐민을 반드시 보호하겠다는 약속을 듣고서야 마지못해 그를 데리고 가는 것을 허락했습니다. 자신이 가장 사랑하는 아들 요셉을 잃고 가슴이 찢어졌던 야곱에게 막내아들까지 잃는 것은 상상조차 할 수 없는 일이었습니다.

마침내 요셉은 자신의 정체를 형제들에게 드러냈습니다. 죽은 줄로만 알았던 형제가 사실은 살아 있었으니 형제들의 충격이 얼마나 컸을까요? 게다가 이집트의 강력한 지도자가 되어 있다니요! 요셉은 자신의 권력을 가족을 구하기 위해 쓸까요, 아니면 형들에게 복수하기 위해 쓸까요?

요셉은 하나님이 왜 자신이 이집트로 팔려 가도록 내버려 두셨는지를 설명했습니다. 비록 형들은 요셉에게 해를 가할 의도였으나, 하나님은 선한 뜻을 가지고 계셨습니다. 요셉은 그의 가족에게 풍족하게 살 수 있는 이집트로 오라고 말했습니다. 그의 자손이 오랜 세월 동안 이집트에서 노예의 삶을 살게 될 줄을 요셉은 몰랐습니다.

죽기 전 요셉은 형제들에게 하나님이 야곱의 자손에게 하신 약속을 상기시켰습니다. "하나님이 당신들을 돌보시고 당신들을 이 땅에서 인도하여 내사 아브라함과 이삭과 야곱에게 맹세하신 땅에 이르게 하시리라"(창 50:24).

●● 티칭 포인트

하나님은 약속을 지키셨고, 하나님의 아들 예수님을 통한 인류의 구원 계획을 이스라엘이라는 나라를 통해 이루어 가고 계시다는 것을 아이들에게 알려 주십시오.

이야기 성경

요셉의 꿈이 이루어졌어요

창 42:1~46:34, 50:15~21

흉년이 들어 야곱의 집에 먹을 것이 모자랐어요. 이집트에 먹을 것이 많다는 소식을 들은 야곱은 막내아들 베냐민만 집에 남기고, 아들 열 명을 이집트로 보내 먹을 것을 사 오게 했어요.

이집트에 도착한 요셉의 형들은 먹을 것을 판매하는 책임자인 요셉을 찾아가 절을 했어요. 형들은 요셉을 알아보지 못했지만 요셉은 알아봤어요! 자신을 노예로 팔아 버린 형들이었지요! 요셉은 이집트에서 중요한 일을 하고 큰 힘을 가진 높은 사람이 되어 있었어요!

요셉은 형들에게 무섭게 말했어요. "너희는 우리 땅을 정탐하러 온 것이냐?" 형들은 "아닙니다! 저희는 한 형제입니다. 막냇동생은 집에 있습니다"라고 답했어요. 그러자 요셉은 이렇게 말했어요. "너희 말이 사실이라면 집으로 가 막냇동생을 데리고 오너라."

요셉이 준 곡식을 가지고 돌아온 아들의 이야기를 들은 야곱은 몹시 속상해하며 말했어요. "베냐민은 못 데려간다. 요셉도 죽었는데 아들을 하나 더 잃을 수는 없다." 하지만 음식이 또 바닥나자 야곱은 베냐민을 이집트로 데려가는 것을 허락할 수밖에 없었어요.

형제들은 먹을 것을 살 돈과 선물을 가지고 요셉의 집으로 가서 요셉에게 선물을 주고 절을 했어요. 요셉은 형제들에게 맛있는 식사를 대접했어요. 그런 다음 하인을 시켜 형제들의 자루에 곡식을 담으면서, 베냐민의 자루에 은잔을 함께 넣으라고 했지요.

형제들이 가나안으로 떠나려고 할 때 요셉의 하인이 그들을 막아서며 말했어요. "왜 우리 주인님의 은잔을 훔쳤느냐?" 형들은 "우리는 훔치지 않았습니다! 우리 자루를 보십시오. 만약 은잔이 나온다면 우리가 당신의 노예가 되겠습니다!"라고 말했어요. 하인은 형제들의 자루를 하나씩 뒤지기 시작했어요. 그리고 베냐민의 자루에서 은잔을 찾아냈지요. 이럴 수가! 형제들은 슬펐어요. 베냐민을 이집트의 노예가 되도록 내버려 둘 수는 없었어요.

베냐민의 형 유다가 요셉에게 말했어요. "제발 저를 베냐민 대신 노예로 삼아 주십시오." 요셉은 하인들에게 모두 물러가라고 했어요. 그리고 울면서 말했어요. "내가 바로 요셉입니다! 형들의 동생 요셉이에요! 형들은 나를 이집트에 팔았지만, 사실 나를 여기 보내신 분은 하나님이세요. 하나님은 흉년의 때에 여러분의 생명을 구하기 위해 나를 먼저 이곳에 보내신 거예요. 모든 가족과 재산을 챙겨 이집트로 오세요. 여기는 먹을 것이 충분합니다."

야곱의 가족은 이집트로 갔지요. 야곱은 요셉을 끌어안고 기쁨의 눈물을 흘렸어요.

아버지가 돌아가시자 형들은 자신들의 잘못 때문에 요셉이 벌을 내리면 어떻게 하나 걱정을 했지만 요셉은 이렇게 말했어요. "형들은 나를 해치려고 했지만 하나님은 그것을 좋은 일로 바꾸셨어요. 하나님의 계획은 선했고, 많은 사람의 생명을 살리는 것이었어요."

●● 예수님 생각하기

요셉의 형들은 요셉을 해치려고 했지만, 하나님께는 좋은 계획이 있었어요. 하나님은 요셉의 아픔을 사용해 하나님의 백성을 배고픔에서 구하셨어요. 사람들은 하나님의 아들이신 예수님을 해쳤어요. 하지만 하나님의 계획은 예수님의 죽음까지 사용해 우리를 죄에서 구원하시는 것이었어요.

가스펠 준비

싱글벙글 — 환영해요

USB

"약속"(지도자용 팩)을 튼다. 아이들을 반갑게 맞이하며 헌금과 기도를 도와준다. 예배 중에 헌금 순서가 있다면 헌금을 잘 간수하도록 돕는다. 가방과 옷을 정리하도록 안내한다. 새로 온 아이에게는 음수대와 화장실의 위치를 알려 주고, 보호자와 만나는 시간과 방법 등을 소개한다. 보호자를 위한 안내문을 붙여 끝나는 시간, 기다리는 장소, 헌금 방법, 아이에 대한 특별한 주의 사항을 교사에게 미리 알려 달라는 당부 등을 공지한다.

너랑 나랑 — 마음 열기

아이들이 편안하고 친숙하게 하나님께 마음을 열고, 하나님을 알아 가도록 돕는 놀이 환경을 제공한다. 흥미를 유발할 수 있는 놀잇감으로 자유 놀이 영역을 구성한다. 단원별 공통 활동에 각 과의 주제와 연결된 활동 영역을 추가하여 아이들이 자유롭게 선택하게 한다. 충분히 활동할 수 있도록 20분 정도의 시간을 할애하는 것이 좋다.

하트 스티커 붙이기

준비물 ▶ 흰색 전지, 가위, 박스테이프, 하트 스티커

❶ 흰색 전지를 큰 하트 모양으로 잘라 예배실 벽에 붙인다.

❷ 아이들에게 하트 스티커를 나누어 주고, ❶에 붙여 꾸미게 한다.

인도자 여기에 큰 하트가 있어요. 작은 하트 스티커를 이용해 꾸며 줄까요? 하나님은 우리를 언제나 사랑하세요. 오늘의 성경 이야기에서 요셉은 하나님이 자신을 얼마나 사랑하시는지 알게 되었고, 형들을 용서했어요. 어떤 일이 있었는지 잘 들어 보세요.

지시문대로 인형 움직이기

준비물 ▶ 여러 가지 인형들

❶ 아이들에게 인형을 하나씩 나누어 주고, 교사가 지시하는 대로 인형을 움직여 보라고 한다.

❷ 교사도 인형을 들고 간단한 지시문을 말하고 지시문을 따라 움직인다.

인도자 선생님이 말하는 대로 인형을 움직여 볼까요? 걸어가요. [인형을 걷게 한다.] 절을 해요. [인형을 절하게 한다.] 서로 안아 주어요. [인형끼리 안아 준다.] 요셉의 꿈에서 형들이 요셉에게 절을 했지요? 오늘의 성경 이야기에서 요셉의 형들이 요셉에게 절을 했어요. 오늘 말씀을 잘 들어 보세요.

가스펠 설교 대형으로 모이기

- 카운트다운 영상, 모이기 노래 등을 활용해 설교 대형으로 바꾸고 마음을 준비하게 한다.

가스펠 설교

하나 — 성경 이야기

• 손 인형 활용하기 : 손 인형을 이용해 '요셉'과 '형들'의 이야기를 들려준다. 성경 이야기의 내용에 맞추어 해당하는 손 인형을 흔들고, '형들'이 '요셉'에게 절할 때 절하는 흉내를 낸다.

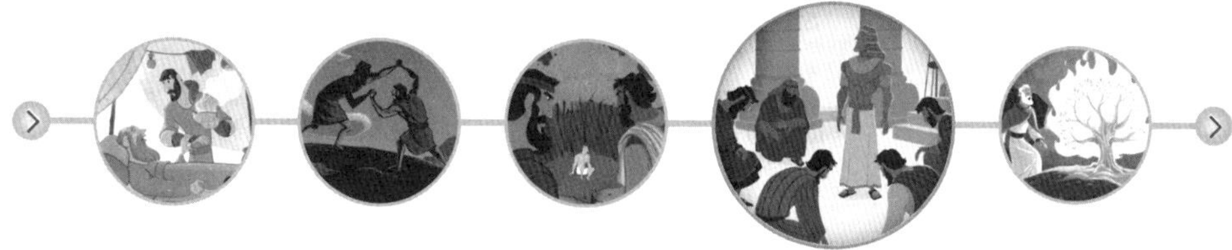

USB

아이들에게 성경을 나눠 주고 펼치게 한다. 제목을 말하고, 성경 본문의 핵심 부분을 읽어 준다. 말씀 듣기 시간을 알려 주는 찬양을 부른 후 성경 이야기를 읽어 주거나 설교 영상(지도자용 팩)을 보여 준다.

곡식이 잘 자라지 않는 7년의 힘든 시간이 찾아왔어요. 야곱은 아들 10명을 이집트에 보내 곡식을 사 오게 했어요. 요셉의 형들은 곡식을 사기 위해 요셉을 만났어요. 요셉은 형들을 알아봤지만, 형들은 그가 요셉인지 몰랐어요. 요셉은 형들을 시험했어요. 형들을 집으로 보내 막냇동생 베냐민을 이집트로 데려오게 했지요. 베냐민을 데리고 돌아온 형들은 요셉에게 절을 했어요. 요셉이 꿈에서 본 것처럼 말이에요. 요셉이 말했어요. "나는 형들의 동생 요셉이에요. 내게 한 잘못 때문에 걱정하지 마세요. 나를 여기로 보내신 분은 형들이 아니라 하나님이세요." 요셉은 자기가 돌보아 줄 테니, 야곱의 모든 가족을 이집트로 데려오라고 했어요. 야곱의 자손은 이집트에서 400년 넘게 살았어요.

둘 — 가스펠 포인트

하나님은 좋은 계획을 세우셨어요. 하나님의 계획은 완벽해요.
하나님은 먹을 것을 주시려고 이스라엘(야곱)의 가족을 이집트로 데려오셨어요.
아무것도 하나님의 계획을 막을 수 없어요.

"비행기"의 곡에 맞춰 다음 가사로 노래를 부르며 메시지를 정리한다.

♪

하나님의 계획은
완벽해 완벽해
하나님의 계획은
아주 완벽해.

하나님은 좋은 계획을 세우셨어요. **하나님의 계획은 완벽해요.** 요셉은 자신을 이집트로 보내신 분이 하나님이신 것을 알았어요. 그래서 형들에게 화내지 않았어요. 하나님은 먹을 것을 주시려고 이스라엘(야곱)의 가족을 이집트로 데려오셨어요. 우리는 언제나 하나님을 믿을 수 있어요. 아무것도 하나님의 계획을 막을 수 없어요.

셋 — 복음 초청

성경과 복음 초청 가이드(155쪽)를 이용해서 아이들에게 그리스도를 소개한다.

예수님을 믿고 싶은 친구는 함께 기도해요.

넷 — 기도

하나님의 계획은 아무도 막을 수 없음을 믿어요. 예수님 이름으로 기도합니다. 아멘.

다섯 — 암송송

3단원 암송송(158쪽)을 손유희와 함께 부르거나, 일부 구절 또는 간단하게 줄인 문장을 활용할 수 있다.

"그 밤에 여호와께서 그에게 나타나 이르시되 나는 네 아버지 아브라함의 하나님이니 두려워하지 말라 내 종 아브라함을 위하여 내가 너와 함께 있어 네게 복을 주어 네 자손이 번성하게 하리라 하신지라"(창 26:24).

"두려워하지 말라. 내가 너와 함께 있다."

여섯 — 가스펠 스토리

'하나님의 구원 계획' 영상(지도자용 팩)과 '구약1 훑어보기' 영상(지도자용 팩)을 보여 주며 마무리한다.

가스펠 활동

알콩달콩 소그룹

하나님의 계획은 완벽해요

준비물 ▶ 영유아부 교재 28쪽, 42쪽 '요셉의 형들' 스티커

❶ 영유아부 교재 27쪽의 요셉과 요셉에게 절하는 형들의 그림을 보고 이야기를 나눈다.

❷ 영유아부 교재 28쪽 그림을 27쪽 그림과 비교해 보게 한다.

❸ 영유아부 교재 42쪽 '요셉의 형들' 스티커를 떼어 형들이 요셉에게 절하는 장면을 꾸며 보게 한다.

인도자 형들과 만난 요셉은 형들에게 화내지 않았고 자기를 해치려고 한 형들을 용서했어요. 그 모든 일이 가족을 구하시려는 하나님의 계획이었음을 알았기 때문이에요. 하나님은 우리를 위한 좋은 계획을 갖고 계세요. **하나님의 계획은 완벽해요.**

곡식을 담아 옮겨요

준비물 ▶ 쌀, 계량컵, 그릇, 청소 도구

❶ 아이들에게 쌀을 그릇에 담아 보여 주면서 어떤 곡식인지 말해 주고 만져 보게 한다.

❷ 계량컵을 들고 '양이 얼마나 되는지 알 수 있는 컵'이라고 설명한 후 아이들에게 건넨다. 계량컵을 이용해 빈 그릇에 쌀을 옮겨 담게 한다.

❸ 활동이 끝나면 바닥에 떨어진 쌀을 청소 도구로 함께 치우고 마무리한다.

인도자 하나님은 요셉을 이집트로 보내셔서 먹을 것이 없는 사람들이 곡식을 구할 수 있게 해 주셨어요. **하나님의 계획은 완벽해요.**

대그룹

이집트에 왜 왔니?

준비물 ▶ 아이들이 좋아하는 찬양 음원, 음원 재생 기기(CD플레이어, 스마트폰 등)

❶ 아이들을 '요셉' 팀, '형님들' 팀으로 나눈다.

❷ "우리 집에 왜 왔니?" 놀이를 다음과 같이 가사를 바꾸어 활동한다.

- 요셉 팀 : "이집트에 왜 왔니? 왜 왔니? 왜 왔니?"
- 형님들 팀 : "음식 사러 왔단다. 왔단다. 왔단다."
- 요셉 팀 : "어떤 음식 사려고 왔느냐? 왔느냐?"
- 형님들 팀 : "맛있는 음식 사려고 왔단다. 왔단다."
- 다 같이 : "가위바위보!"

❸ 가위바위보를 해서 이긴 팀이 진 팀 아이 한 명을 지명해 자기 팀으로 데려올 수 있다.

❹ 한 팀이 한 명만 남을 때까지 활동을 반복한다.

인도자 요셉의 형들은 처음에 요셉을 알아보지 못했어요. 요셉은 하나님이 자기를 이집트에 보내신 이유는 자기 가족을 구하시기 위해서였다고 말했어요. 하나님은 먹을 것을 주시려고 이스라엘(야곱)의 가족을 이집트로 데려오셨어요. **하나님의 계획은 완벽해요.**

소곤소곤 꿀~꺽 간식

준비물 ▶ 떡 뻥튀기, 접시

❶ 아이들에게 주변을 정리하게 하고, 화장실에 가거나 물티슈 등을 이용해 손을 씻을 시간을 준다.

❷ 감사 기도를 드리고 떡 뻥튀기를 간식으로 나누어 준다. 간식을 먹으며, "이것은 쌀로 만든 떡을 뻥튀기해서 먹는 음식이에요. 하나님은 요셉을 이집트로 보내셔서 먹을 것이 없는 사람들이 곡식을 구할 수 있게 해 주셨어요. 하나님의 계획은 완벽해요"라고 이야기한다.

신나는 마무리

준비물 ▶ 영유아부 교재 27쪽 활동지, 39쪽 메시지 카드, 43쪽 '이야기 성경' 스티커

❶ 활동지와 스티커, 메시지 카드를 나누어 주고 가족과 함께 오늘 배운 성경 이야기를 기억하라고 격려하며 가방을 정리해 준다.

가족과 활동해요

- '이야기 성경' 스티커를 붙이며 말씀을 기억해요.
- 먹을 것이 없었던 야곱의 가족을 생각하며 먹을 것을 모아 구호 단체에 기부해 보세요.
- 가족사진을 보며 "우리를 구원해 주신 예수님, 감사해요! 믿지 않는 ○○○을 구원해 주세요! 하나님의 구원 계획은 아무도 막을 수 없어요"라고 기도해요.

❷ 축복과 파송의 메시지를 담은 찬양을 부르며 인사한다.

❸ 아이를 데리러 온 보호자에게 아이가 특별히 즐거워했거나 잘했던 활동들에 대해 이야기해 주고, 가정에서 활동지와 스티커, 메시지 카드를 활용해 말씀을 들려주도록 격려한다.

나를 위한 하나님의 멋진 계획

'복음'이라는 말을 들어 본 적 있니? 복음이란 '좋은 소식'이라는 뜻이야. 우리에게 보내신 하나님의 좋은 소식이 무엇일까?

하나님은 왕이세요

하나님이 세상의 모든 것을 만드셨어요. 이 세상을 돌보는 왕은 누구일까요? 바로 하나님이세요.

(창 1:1; 골 1:16~17; 계 4:11)

사람들이 죄를 지었어요

잘못한 적이 있나요? 우리 모두 죄를 지어요. 하나님 말씀에 순종하지 않는 것이 죄예요. 죄는 하나님을 슬프게 해요.

(롬 3:23, 6:23)

하나님이 예수님을 보내셨어요

하나님은 죄를 지으면 반드시 벌을 주세요. 하지만 하나님은 우리를 사랑하세요. 그래서 하나님은 우리 대신 벌 받으실 하나님의 아들, 예수님을 보내셨어요.

(요 3:16; 엡 2:8~9)

예수님이 우리를 사랑하세요

예수님은 우리에게 최고의 선물을 주셨어요. 예수님은 죄가 없으세요. 하지만 우리 대신 벌을 받으셨어요. 우리를 사랑하시니까요.

(롬 5:8; 고후 5:21; 벧전 3:18)

예수님! 우리 마음에 오세요!

예수님을 믿고 마음에 받아들이면 하나님의 자녀가 될 수 있어요. 같이 기도해요.

"하나님, 저를 사랑하시고 예수님을 보내 주셔서 감사합니다. 예수님이 저의 죄를 용서해 주시려고 벌을 대신 받으신 것을 믿어요. 예수님을 마음에 모시면 하나님이 저의 아빠가 되심을 믿어요. 예수님 이름으로 기도합니다. 아멘."

(요 1:12~13; 롬 10:9~10, 13)

고린도전서 8장 6절

원곡 : 아름다운 이야기가 있네

편곡 : 김효정

FM7 B♭ F/A Gm7 G7/B C7 C+

그 러 나 우 리 에 게 한 하 나 님 곧 아 버 지 가 계 시 니

5 FM7 B♭ F/A Gm7 C7 F

만 물 이 그 에 게 서 났 고 우 리 도 그 위 해 있 고 또 한

9 F Gm7 F/A Dm7 Gm7 C7 F B♭/C

한 주 ㅡ 예 ㅡ 수 ㅡ 그 리 스 도 께 서 계 시 니 만 물 ㅡ 이 그 로

13 F Gm7 F/A D7 Gm7 C7 F *D.C. al Fine*

말 미 암 고 우 ㅡ 리 도 그 ㅡ 로 말 미 암 아 있 느 니 라

17 B♭ F/A D7 Gm7 C7 F *Fine*

고 린 도 전 ㅡ 서 8 ㅡ 장 6 절 ㅡ 말 ㅡ 씀

우리에게

한

하나님

곧 아버지가 계시니

만물이

그에게서 났고
(비가 내리듯 손가락을 흔들며 내림)

우리도

그를 위하여

있고
(손을 가슴에 붙임)

로마서 4장 3절

작곡 : 김효정

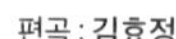

창세기 26장 24절

원곡 : 나의 사랑하는 책

편곡 : 김효정

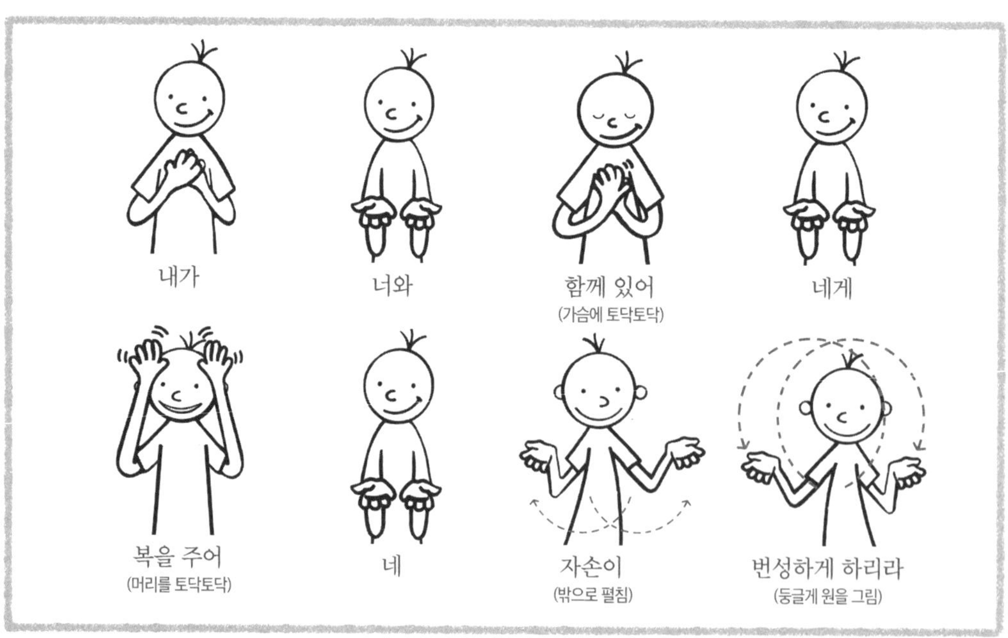

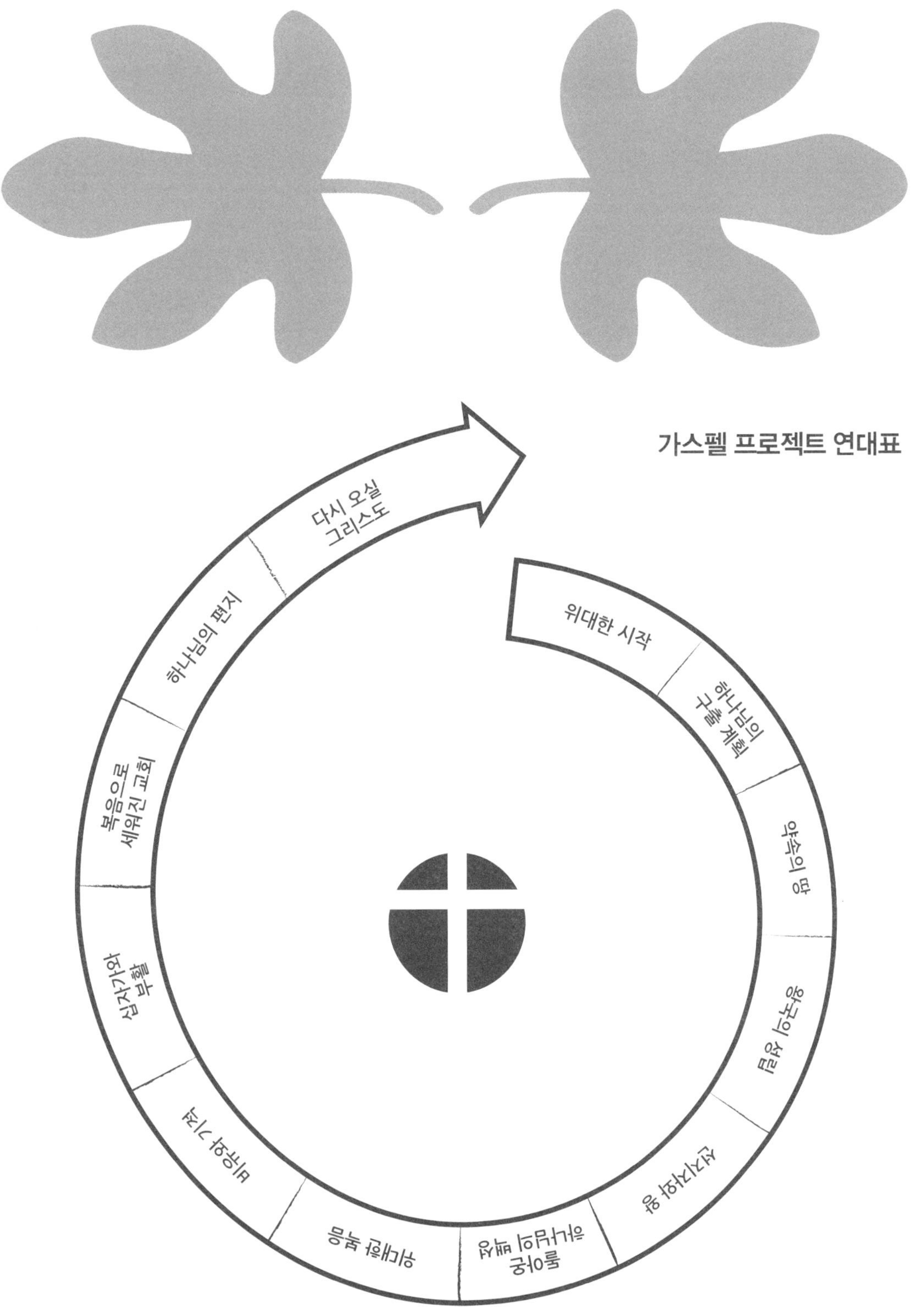
가스펠 프로젝트 연대표
위대한 시작
하나님의 구출 계획
약속의 땅
왕국의 설립
선지자와 왕
돌아온 하나님의 백성
위대한 복음
비유와 기적
십자가와 부활
복음으로 세워진 교회
하나님의 편지
다시 오실 그리스도

가스펠 프로젝트 | 구약 커리큘럼

1권 **위대한 시작** 창	2권 **하나님의 구출 계획** 출, 레, 신	3권 **약속의 땅** 민, 수, 삿, 룻, 삼상	4권 **왕국의 성립** 삼상, 삼하, 왕상, 욥, 전, 시, 잠	5권 **선지자와 왕** 왕상, 왕하, 대하, 사, 렘, 겔, 호, 욘, 욜	6권 **돌아온 하나님의 백성** 단, 에, 느, 말
1단원 창조의 하나님	1단원 구출하시는 하나님	1단원 구원의 하나님	1단원 왕이신 하나님	1단원 계시하시는 하나님	1단원 보호하시는 하나님
1. 하나님이 세상을 창조하셨어요 2. 하나님이 사람을 창조하셨어요 3. 죄가 세상에 들어왔어요 4. 가인과 아벨이 제물을 드렸어요 5. 하나님이 노아와 가족을 구해 주셨어요 6. 바벨탑을 쌓던 사람들이 흩어졌어요	1. 모세를 부르셨어요 2. 이스라엘 백성은 재앙을 피했어요 3. 홍해를 건넜어요 4. 광야에서 시험을 치렀어요 5. 금송아지를 만들었어요	1. 약속의 땅을 정탐했어요 2. 놋뱀을 바라보았어요 3. 하나님이 여리고성을 주셨어요 4. 죄 때문에 아이성 전투에서 졌어요 5. 여호수아가 당부했어요	1. 이스라엘이 왕을 달라고 했어요 2. 하나님이 사울을 버리셨어요 3. 다윗이 골리앗과 맞섰어요 4. 다윗과 요나단이 친구가 되었어요 5. 하나님이 다윗과 언약을 맺으셨어요 6. 다윗이 하나님께 죄를 지었어요	1. 엘리야가 악한 아합을 꾸짖었어요 2. 엘리야가 이세벨을 피해 도망쳤어요 3. 하나님이 나아만을 고쳐 주셨어요 4. 하나님이 이사야를 부르셨어요 5. 이사야가 메시아에 대해 외쳤어요 6. 히스기야는 남 유다의 신실한 왕이었어요	1. 다니엘과 친구들이 하나님께 순종했어요 2. 사드락, 메삭, 아벳느고를 구하셨어요 3. 다니엘을 구하셨어요 4. 하나님의 백성을 고향으로 데려오셨어요 5. 성전을 다시 지었어요
2단원 언약을 맺으시는 하나님	2단원 거룩하신 하나님	2단원 다스리시는 하나님	2단원 지혜의 하나님	2단원 포기하지 않으시는 하나님	2단원 공급하시는 하나님
7. 하나님이 아브라함과 언약을 맺으셨어요 8. 하나님이 아브라함을 시험하셨어요 9. 하나님이 다시 약속하셨어요	6. 십계명 "하나님을 사랑하라" 7. 십계명 "이웃을 사랑하라" 8. 성막을 지었어요 9. 하나님이 제사의 규칙을 정해 주셨어요 10. 오직 하나님만 예배해요 11. 하나님의 언약을 기억해요	6. 사사들이 이스라엘 백성을 이끌었어요 7. 드보라와 바락이 노래했어요 8. 겁쟁이 기드온이 용사가 되었어요 9. 삼손에게 다시 힘을 주셨어요 10. 룻과 나오미를 보살펴 주셨어요 11. 하나님이 사무엘에게 말씀하셨어요	7. 솔로몬이 지혜를 구했어요 8. 지혜는 하나님께로부터 와요 9. 솔로몬이 성전을 지었어요 10. 이스라엘이 둘로 나뉘었어요	7. 하나님이 호세아를 통해 북 이스라엘에 사랑을 전하셨어요 8. 하나님이 요나를 통해 니느웨에 사랑을 전하셨어요 9. 하나님이 요엘을 통해 남 유다에 사랑을 전하셨어요	6. 에스더를 왕비로 세우셨어요 7. 에스더를 통해 하나님의 백성을 구하셨어요 8. 느헤미야가 예루살렘의 소식을 들었어요 9. 예루살렘 성벽을 다시 세웠어요 10. 에스라가 하나님의 율법을 읽었어요 11. 말라기가 하나님의 말씀을 전했어요
3단원 언약을 지키시는 하나님	※ 성탄과 부활		3단원 주권자이신 하나님	3단원 새롭게 하시는 하나님	
10. 야곱이 복을 가로챘어요 11. 하나님이 야곱에게 새 이름을 주셨어요 12. 요셉이 이집트로 팔려 갔어요 13. 요셉의 꿈이 이루어졌어요	**성탄절** 1. 왕을 기다려요 2. 천사가 마리아와 요셉에게 나타났어요 3. 예수님이 태어나셨어요. 4. 동방박사들이 왕을 찾아갔어요 **부활절** 1. 왕이신 예수님이 나귀를 타셨어요 2. 예수님이 부활하셨어요		11. 솔로몬이 산다는 것에 대해 생각했어요 12. 욥이 고난을 받았어요 13. 하나님을 찬양해요	10. 하나님이 예레미야를 부르셨어요 11. 예레미야가 새 언약에 대해 예언했어요 12. 남 유다 백성이 포로로 잡혀갔어요 13. 에스겔이 앞날의 소망을 이야기했어요	

구약 1 단원 주제와 단원 암송

1단원 창조의 하나님

단원 주제

하나님이 모든 것을 만드셨어요.

단원 암송

"그러나 우리에게는 한 하나님 곧 아버지가 계시니 만물이 그에게서 났고 우리도 그를 위하여 있고 또한 한 주 예수 그리스도께서 계시니 만물이 그로 말미암고 우리도 그로 말미암아 있느니라"(고전 8:6).

하나님은 한 분이세요.

2단원 언약을 맺으시는 하나님

단원 주제

하나님이 약속하셨어요.

단원 암송

"성경이 무엇을 말하느냐 아브라함이 하나님을 믿으매 그것이 그에게 의로 여겨진 바 되었느니라"(롬 4:3).

아브라함이 하나님을 믿었어요.

3단원 언약을 지키시는 하나님

단원 주제

하나님의 계획은 완벽해요.

단원 암송

"그 밤에 여호와께서 그에게 나타나 이르시되 나는 네 아버지 아브라함의 하나님이니 두려워하지 말라 내 종 아브라함을 위하여 내가 너와 함께 있어 네게 복을 주어 네 자손이 번성하게 하리라 하신지라"(창 26:24).

"두려워하지 말라. 내가 너와 함께 있다."